Napkin Finance … Seconds or Less

人生で損しない選択をするためのお金の知識

らくがきファイナンス

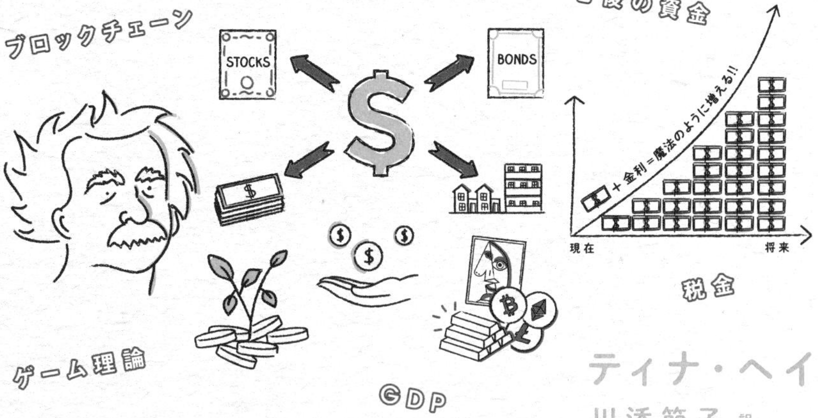

ティナ・ヘイ
川添節子 訳

SE
SHOEISHA

本書は投資の必勝法をうたったガイドブックでもなければ、
ファイナンシャル・プランナーや専門家のアドバイスに代わるものでもない。
あらゆる投資にはリスクが伴うことから、
本書で紹介する投資方法がかならず収益を生むという保証はない。
本書で紹介する方法を実行して生じるかもしれない損失については、
出版社と著者は一切の責任を負わないものとする。

メルザード・ヘイとジョン・ヘイへ

CONTENTS

第 1 章

お金の基本を身につける

複利

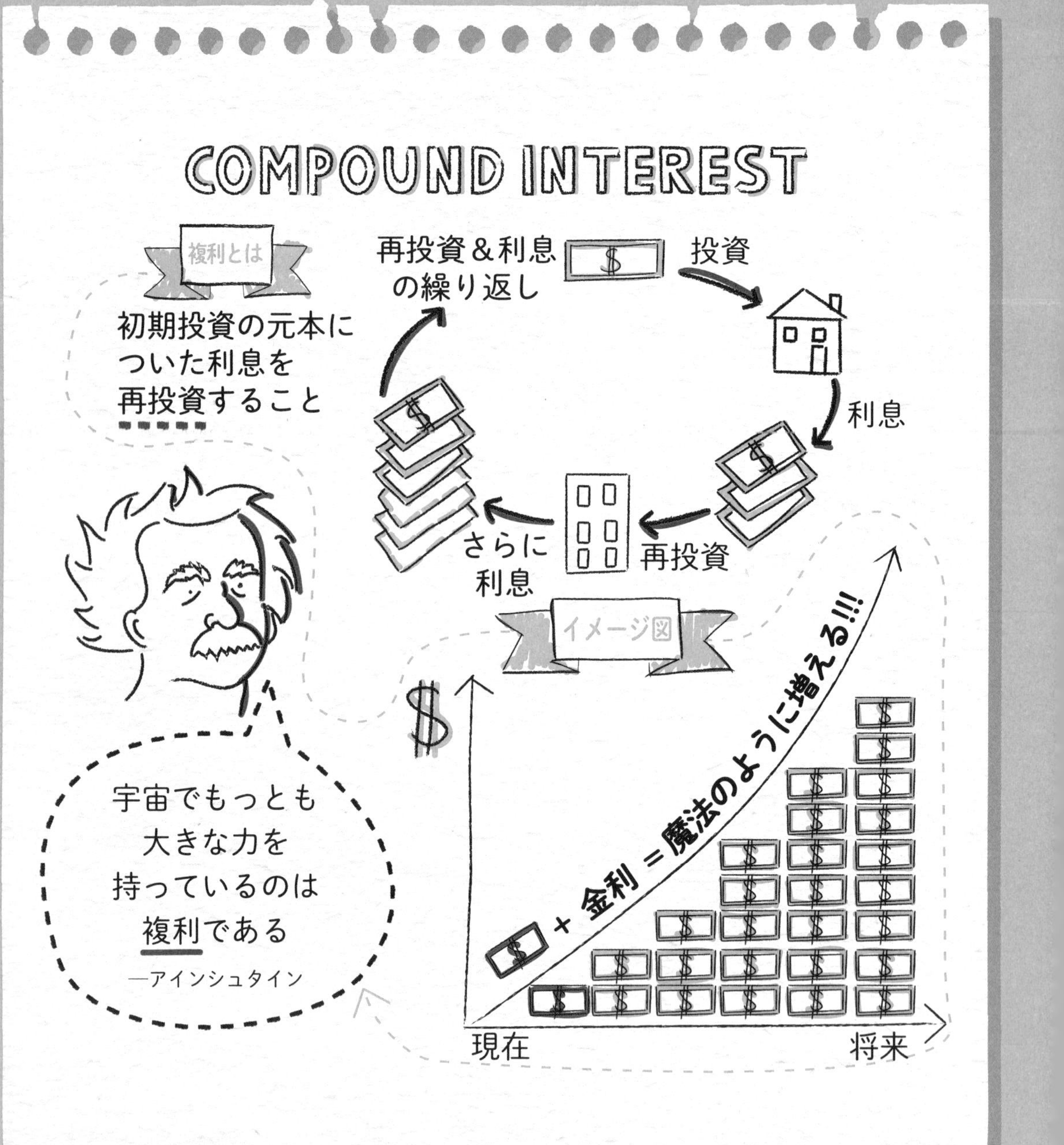
COMPOUND INTEREST
複利とは
初期投資の元本についた利息を再投資すること
再投資&利息の繰り返し
投資
利息
再投資
さらに利息
イメージ図
+ 金利 =魔法のように増える!!!
現在
将来
宇宙でもっとも大きな力を持っているのは複利である
―アインシュタイン

利息がどういうものかは、きっと知っていると思う。たとえば、1,000ドルを銀行に預けたら、銀行はお礼にちょっとだけ利息をつけてくれる。仮に年2%としよう。すると1年後には、あなたは20ドルを手にすることになる。

もし、そのお金を口座に入れたままにしたら、2年目には、最初に預けた1,000ドルではなく、1,020ドルに2%の利息がつく。つまり、20ドルではなく、20ドル40セントとなる。複利では、増えた残高をもとに利息が計算される（言いかえれば、利息が利息を生むということ）。

複利の魔法にかかると、お金は急激に増える。40セントと言われても、たいしたことないと思うかもしれない。でも、時間をかけて利息を重ねていくうちに、巨大な金額になる。

1万ドルか、1セントか

あなたならどちらを選ぶ？　1カ月間、毎日1万ドルをもらうか、それとも1カ月間、毎日倍になる1セントをもらうか。（ヒント：これはひっかけ問題だよ！）

倍々になる1セントは、複利効果で1カ月後には1,073万7,418ドルになる（小銭だらけで大変なことになるけど）。一方、毎日1万ドルのほうは31万ドル。

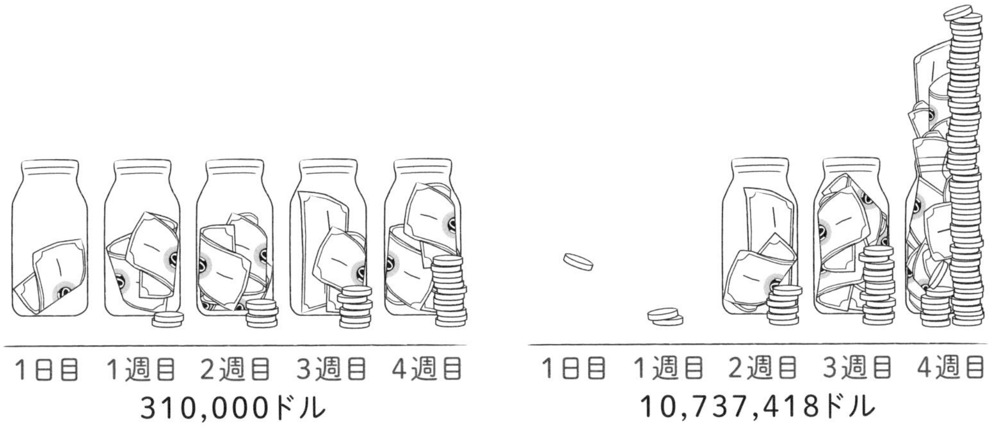

お金の成長を加速させる

複利効果は、基本的にお金が増えれば増えるほど威力を増す（途中でお金を引き出さないかぎり）。でも、複利効果の威力をさらに高める方法がある。それは次の3つ。

- **より高い金利を見つける。**
- **途中でお金を追加する。**
- **時間をかける。**

おもしろ豆知識

- **複利は紀元前2000年ごろに古代バビロニアで発明されたと言われている。紀元前の偉大な発明とされる車輪よりほんの少し新しい程度だ。**
- **お金が倍になるまでに、どのくらいの時間がかかると思う？　だいたいのところは72を金利の数字で割ってみるとわかる（これがいわゆる「72の法則」。詳しくは第11章で）。**

ここがポイント

- 複利とは、発生した利息に利息がつくこと（あるいは発生した利子に利子がつくこと）。
- 投資家は「複利の魔法」をよくわかっている。お金を育てるすばらしい方法だから。
- 複利で運用するお金をさらに増やすには、投資金額を増やす、期間を長くする、高い金利を探すといった方法がある。

複利で利息がつくお小遣いがほしいと親に言ったら、家から出ていけと言われた。ひどくない？　まあ、しかたないか。30すぎてたし。

貯蓄

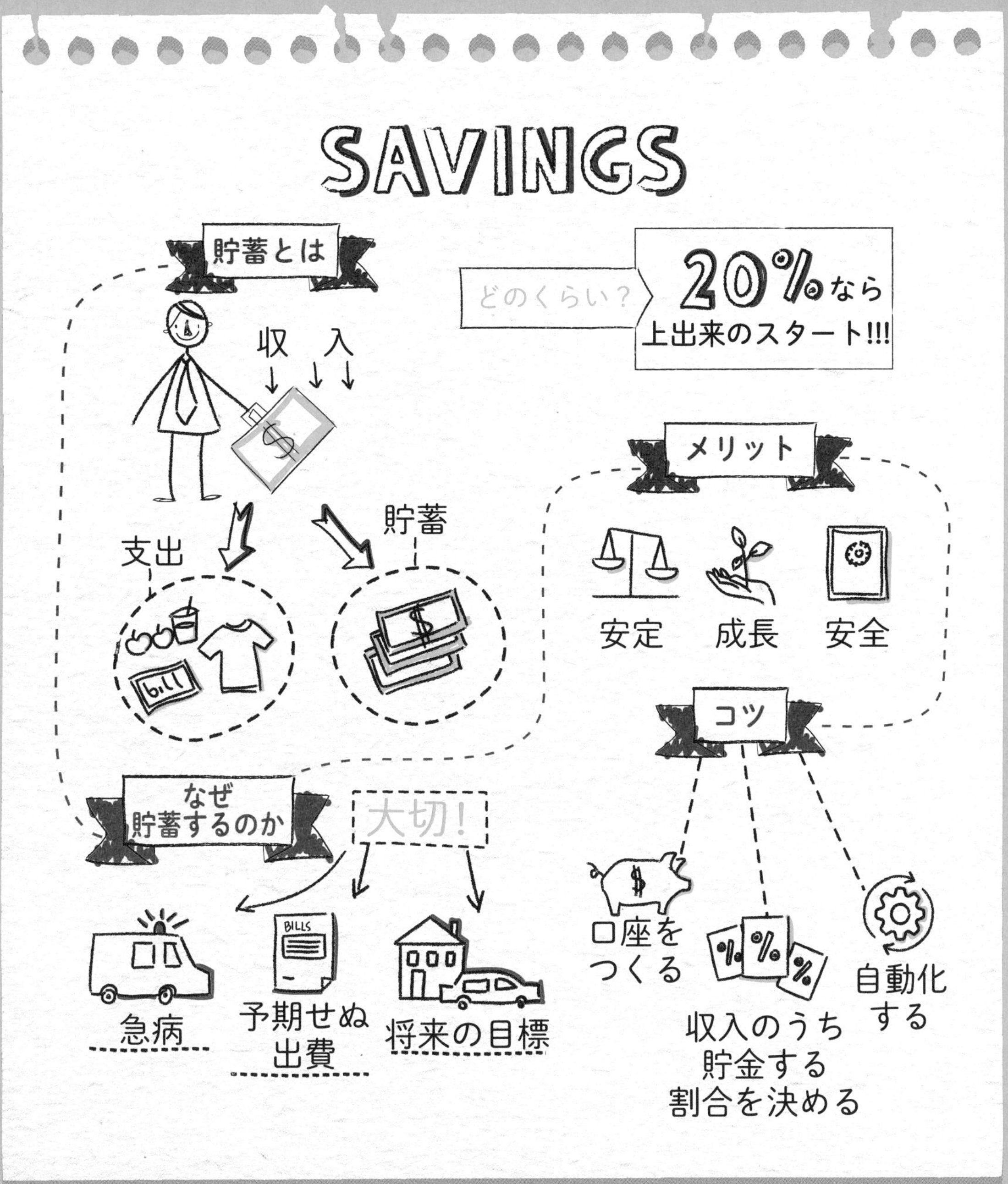
SAVINGS
貯蓄とは
収入
支出
貯蓄
bill
どのくらい？
20%なら
上出来のスタート!!!
メリット
安定
成長
安全
コツ
口座をつくる
収入のうち貯金する割合を決める
自動化する
なぜ貯蓄するのか
大切!
急病
BILLS
予期せぬ出費
将来の目標

貯蓄とは、別に取っておいて使わないお金のこと。

生きていれば、びっくりするような出来事に出くわすもの。でも、貯蓄をしておけば、緊急事態が発生しても、予期せぬ請求書が来ても、医療費が必要になっても、人生の目標ができても、お金のことであわてなくてすむ。肝に銘じてほしいのは、お金の心配をせずに暮らせるかどうかは、貯蓄にかかっているということ。

> 「使ったあとで余ったお金を貯金するのではなく、貯金したあとで余ったお金を使いなさい」
>
> ――ウォーレン・バフェット
> （億万長者の投資家）

預金のメリット

貯蓄はすばらしい習慣だ。苦労して手にしたお金を専用の口座に貯めておけば、次のようないいことがある。

安定 株価のように変動しないし、なくならない。口座はお金を保護するためにある。

成長 利息がつくので増える。

安全 アメリカ政府は、連邦預金保険公社（FDIC）を通じて、銀行に預けた残高のうち25万ドルまでを保証してくれる。

貯蓄のコツ

- **専用の口座をつくる。**

専用の口座をつくれば、普段使うお金と区別して貯められるので、手をつけずにすむ。口座維持手数料※が安いか、あるいは無料で、金利の高い口座を選ぼう。銀行が定める最低残高を下回らないようにし、引き出しに関する制限を守るようにしよう。

- **収入のうち貯蓄する割合を決める。**

予算にもとづいて、毎回の給料から貯蓄にまわす割合を決めよう。たとえその割合が最初は1%だったとしても、とにかく決めること。この数字を少しずつ上げていき、最終的には20%を目指そう。

- **自動化する。**

給与が振り込まれる口座から、貯蓄用の口座に自動的にお金が移動するように設定しよう。そうすれば給与が振り込まれても、貯蓄分は使わずにすむ。

おもしろ豆知識

- **買い物でストレスを解消する人は多い。アメリカ人の約半数が、ストレスから浪費することがあると言う。ストレスのはけ口を銀行口座に求めるのはやめよう。**
- **クレジットカードではなく、現金で支払うと使いすぎを防げる。クレジットカードをリーダーに通すより、お札や小銭を数えるほうが出費の痛みをリアルに感じるみたい。**
- **大多数のアメリカ人の預金残高は1,000ドル未満(きびしい!)。**

ここがポイント

- 経済的な安全を手に入れるうえで、貯蓄は欠かせない。
- 貯蓄用の口座にお金を入れておけば、利息もつくし、安全だし、使うのを防げる。
- 自動的に貯蓄用の口座に移すように設定して、給料の一定割合を貯蓄にまわすようにすれば、自然に貯まる。

貯蓄にかかる余計なお金を使わずに節約しよう。

※アメリカでは口座を持つだけで毎月手数料がかかるのが普通。

予算

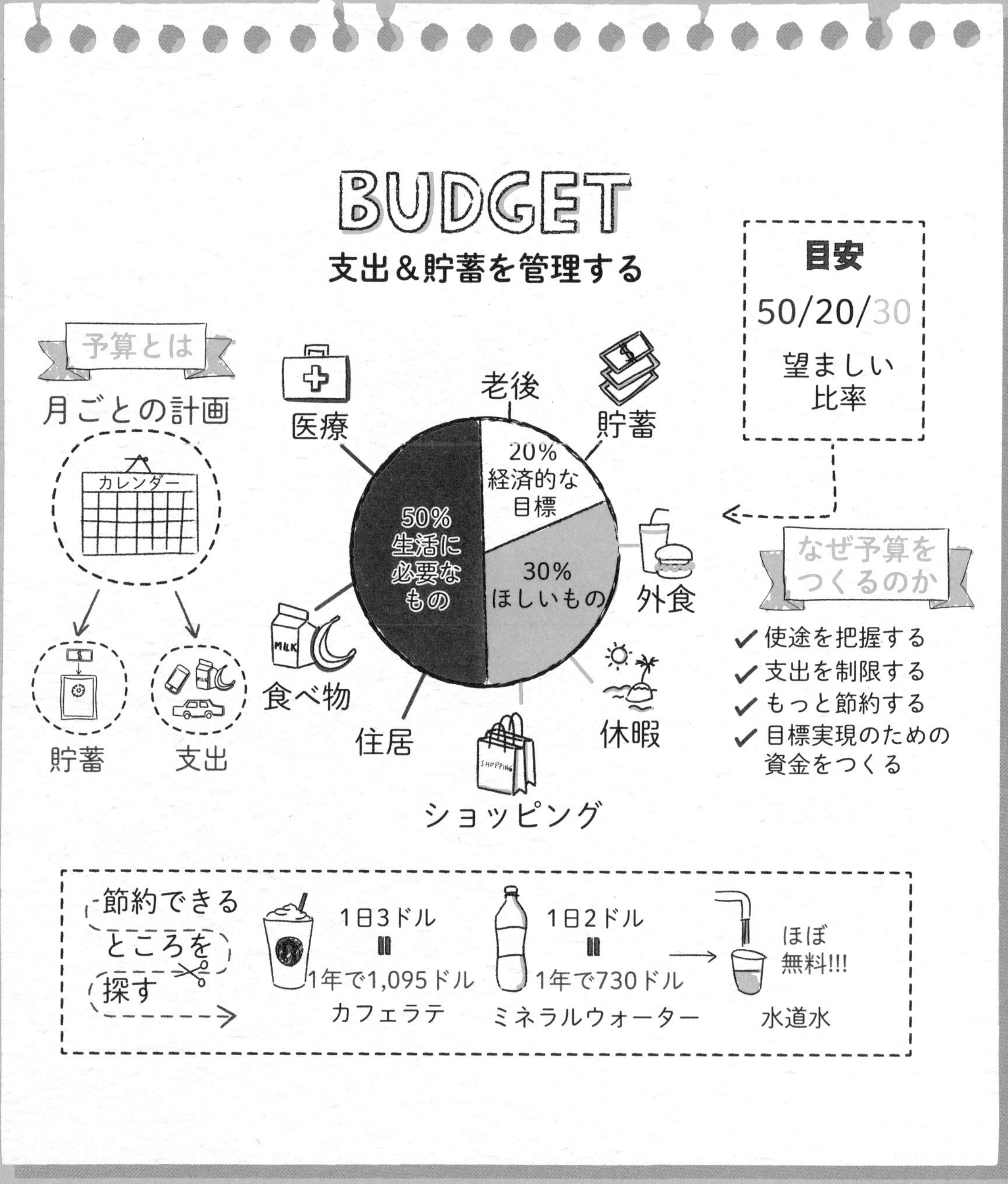
BUDGET
支出&貯蓄を管理する
予算とは
月ごとの計画
カレンダー
貯蓄
支出
医療
老後
貯蓄
20%
経済的な
目標
50%
生活に
必要な
もの
30%
ほしいもの
外食
食べ物
住居
ショッピング
休暇
目安
50/20/30
望ましい
比率
なぜ予算を
つくるのか
✓使途を把握する
✓支出を制限する
✓もっと節約する
✓目標実現のための
資金をつくる
節約できる
ところを
探す
1日3ドル
II
1年で1,095ドル
カフェラテ
1日2ドル
II
1年で730ドル
ミネラルウォーター
ほぼ
無料!!!
水道水

予算とは、支出と貯蓄をうまく管理するためにつくる計画のこと。予算を守れば、余計なものは買わずにすむ。収入を超えて使うことがなくなるので、家計の改善にとって力強い味方となるはず。

予算をつくるメリットには次のようなものがある。

> 「小さな出費に気をつけよ。小さな穴が大きな船を沈めることになるのだから」
>
> ——ベンジャミン・フランクリン
> （アメリカ建国の父）

- **お金の使い道が明確になる（テイクアウトにこんなに使っていたなんて！）。**
- **必要なものを買うお金を確保する一方で、それ以外のものに使うお金を制限できる。**
- **貯蓄にまわすお金が増える。**
- **借金の返済資金や、大きな目標を実現するための資金を増やせる。**

予算のつくり方

ステップ1 税引き後の毎月の収入を把握する。

ステップ2 1、2カ月間、支出を記録し、何にどのくらい使っているか把握する。紙に書き出したり、アプリを利用したりするといい。

ステップ3 使途ごとに分類して、それぞれについて1カ月に使える上限金額を決める。たとえば、外食に月200ドルとか。

ステップ4 予算を守る。アプリやソフトも利用できる。たとえば、月の上限に達したら警告してくれるような機能は役立つはず。

ステップ5 支出をチェックする習慣がついたら、もっと削れるところはないか探してみる。

50/20/30ルール

予算をつくるときにいちばん悩ましいのは、項目ごとに使える金額を決めることだろう。

1つの目安として、50/20/30ルールがある。このルールでは収入を次のように分ける。

50% 生活に必要なもの――家賃、水道光熱費、食費、医療費など。
20% 経済的な目標――借金返済、頭金のための貯蓄、老後の蓄えなど。
30% ほしいもの――娯楽、休暇、外食、必需品ではない買い物など。

おもしろ豆知識

- **予算（budget）という言葉は、フランス語の「革製のかばん」を意味するbougetteを語源としている。**
- **アメリカの平均的な家庭は、1年間にペットに710ドル、アルコール飲料に558ドル使い、書籍には110ドルしか使わない。#優先順位**

ここがポイント

- 予算とは、何にどれだけ使うか決める計画のこと。
- 予算を活用すれば、収入の範囲内で暮らせるようになる。
- 予算の内訳は自分なりに決める。50/20/30ルールを試してみてもいい。
- 支出の管理にアプリは利用価値大。

みんな、ネットフリックスでおもしろい番組を探すときと同じくらいの熱心さで、予算に取り組めばいいのにね。

借金

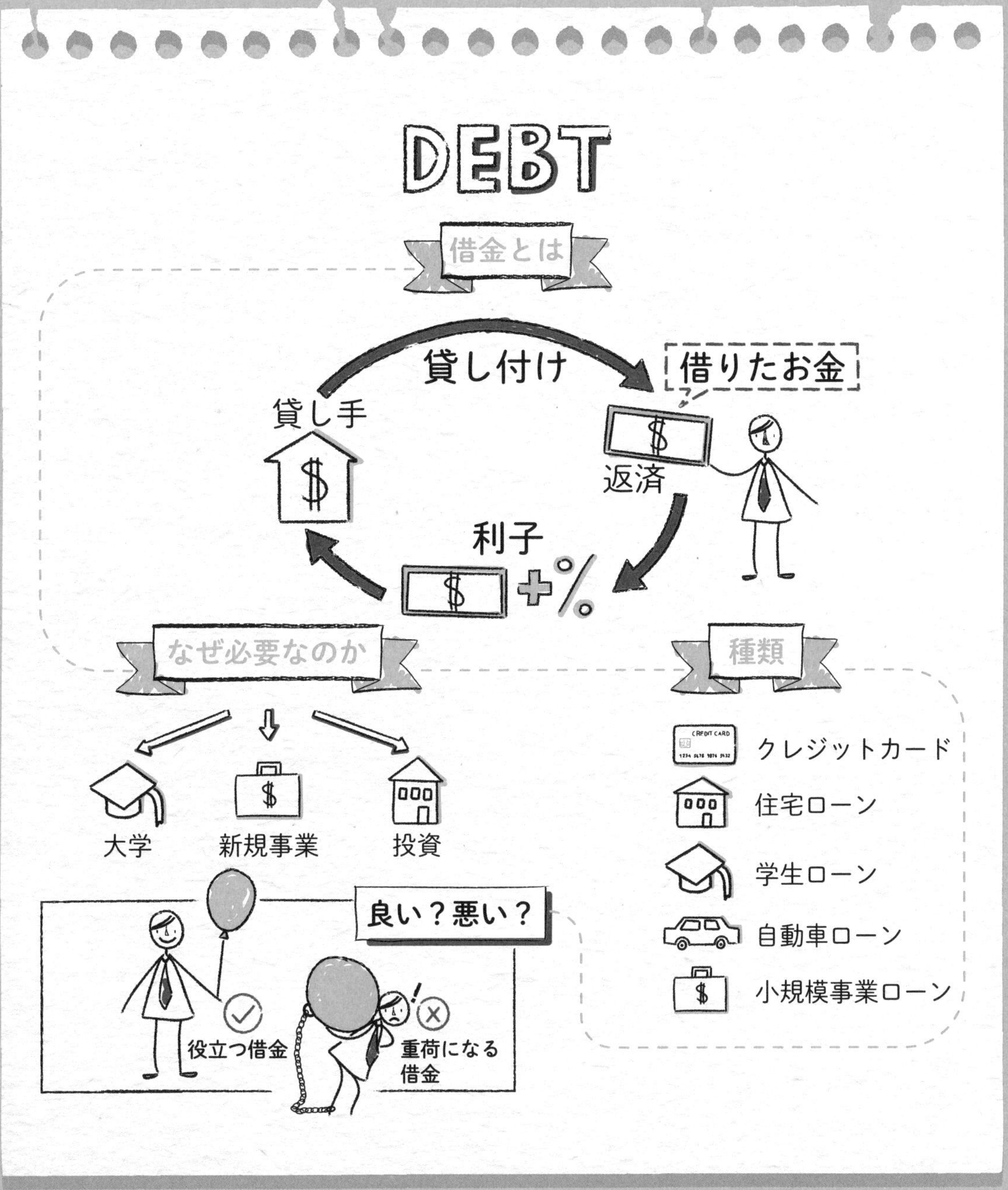
DEBT
借金とは
貸し付け
借りたお金
貸し手
返済
利子
なぜ必要なのか
大学
新規事業
投資
良い？悪い？
役立つ借金
重荷になる
借金
種類
クレジットカード
住宅ローン
学生ローン
自動車ローン
小規模事業ローン

借金とは、返済しなければならない借りたお金のこと。

お金を借りるときには、普通はある程度の期間（返済期間）にわたって返済することを約束する。そして、ほとんどの場合、元本に加えて利子を支払わなければならない。

> 「自分が生きているかどうか誰も気にかけてくれない、と思ったら、車のローンを2、3回払い忘れてみればいい」
>
> ——アール・ウィルソン
> （作家）

人生のさまざまな場面で、人はいろいろな借り入れを利用する。たとえば次のようなものだ。

クレジットカード クレジットカードで支払いをするたびに、あなたは借り入れをしている。残高をすべて払い終わったとき、あなたは借り入れを返済したことになる。

住宅ローン 不動産を買うときの借り入れ。多くの場合、15年から30年かけて返済する。

学生ローン 大学や大学院の学費を払うために学生ローンを利用する人もいる。

自動車ローン 自動車を購入するときに使う。

小規模事業ローン 企業も資金を借りる。立ち上げた事業を軌道に乗せるのに役立つ。

良い借金、悪い借金

借金の良し悪しは、金利と、賢い投資に使われているかどうかによる。

	住宅ローン	連邦政府による学生ローン	クレジットカードによる借り入れ
良い？悪い？	良い借金	良い借金	悪い借金
金利	低い	低い	高い
賢い投資？	賢い投資と言える。 購入した住宅の価値が上がる見込みがある。 住宅を所有すれば、経済的な安心感を得られる。	賢い投資と言える。 大学教育は生涯にわたって稼ぐ力を高めてくれる。	賢い投資とは言えない。 5つ星レストランで取る贅沢なブランチはすてきだが、それで配当金がもらえるわけではない。

おもしろ豆知識

- **アメリカの全世帯が抱える借金の総額は13兆ドルを超え、そのうち住宅ローンが9兆ドル、学生ローンが1兆5,000億ドル以上、自動車ローンが1兆2,000億ドルとなっている。**
- **クレジットカードによる借り入れのある平均的なアメリカの世帯が、最低支払額で返していくと、全額返済し終わるまで12年かかる。**

ここがポイント

- 借金とは借りたお金で、利子をつけて返さなくてはならない。
- おそらく誰でも人生のどこかの時点で借り入れを利用することになるだろう（学生ローン、クレジットカードの借り入れ、住宅ローンなど）。
- 「良い借金」か「悪い借金」かは、金利が高いか低いか、そして良い投資のための借り入れかどうかによる。

すべての借金が悪者じゃない。実はいいやつだってこともある。

金利

INTEREST

お金を借りるときのコスト

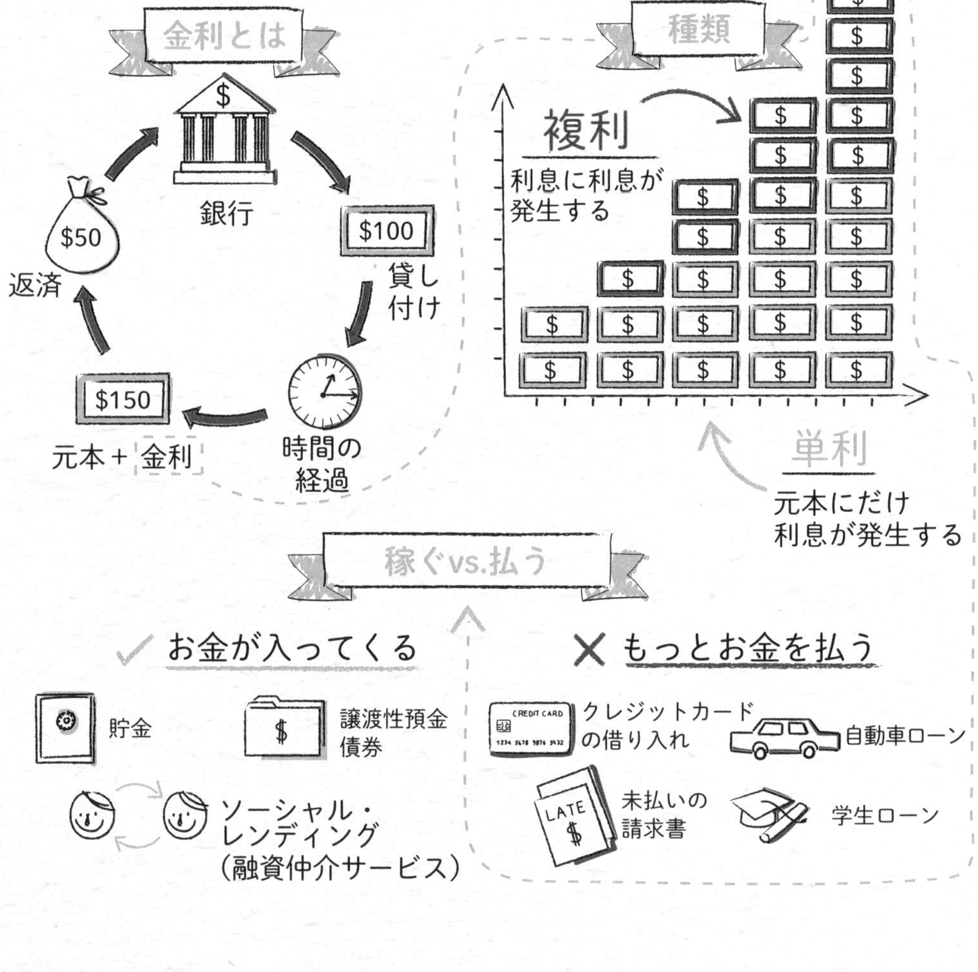

金利は、お金を借りる人にとってはコストになり、貸す人にとっては収益となる。

金利は、たとえば5%といったように、比率で表示される。借り手が支払う金利は、利率に借りた元本と返済するまでの期間をかけて計算する。たとえば、1,000ドルを5%の利率で1年間借りた場合、1,050ドルを返すことになる。

受け取る金利、支払う金利

人生では金利を受け取ることもあれば、支払うこともあるだろう。

お金を貸したり、投資したりするときには、高い金利のほうがいい。そのほうが儲かるからだ。お金を借りるときには、低い金利のほうがいい。そのほうが支払いが少なくなる。

金利を受け取るとき	金利を支払うとき
利息がつく銀行口座にお金を預けている。	クレジットカードの利用残高がある。
譲渡性預金、債券、そのほか利息がつく投資商品を保有している。	住宅を購入するため、大学に行くため、車を買うためにお金を借りている。
ソーシャル・レンディングに投資している。あるいは、友人に利息つきでお金を貸している。	未払いの請求書があり、利子が発生している。

2種類の金利

単利は元本をもとに計算する。複利は元本だけではなく、発生した金利分も加えて計算する。

預金やローンを検討するときに、利率や利回りと書かれた金利を目にしたことがあるかもしれない。前者は単利、後者は複利を反映した結果を表している。

金利は意外にややこしい。借りるにしても預けるにしても、金利をくらべるときには、かならず同じ種類の金利で比較しなければならない。

おもしろ豆知識

- めったにないことだが、金利がマイナスになることがある。そのときは、ローンを組めば銀行が金利を払ってくれるし、逆に、お金を預ければあなたが金利を支払うことになる。
- イスラム法※では金利は払うことも受け取ることも禁じられている。イスラム法を遵守する銀行で口座を開けば、金利の代わりに、事業に投資して得る「目標利益」を提示されるだろう。

ここがポイント

- 金利とはお金を借りるときのコストのこと。
- お金を借りるときには、金利は負担になる。お金を貸すときには金利は収益になる。
- 金利を比較するときには、かならず同じ種類の金利同士でくらべること。

ムリして返済したくないから、無利子ローンがいいんだけど。

※イスラムの宗教法。イスラム教徒の生活全般にかかわる規範。

銀行

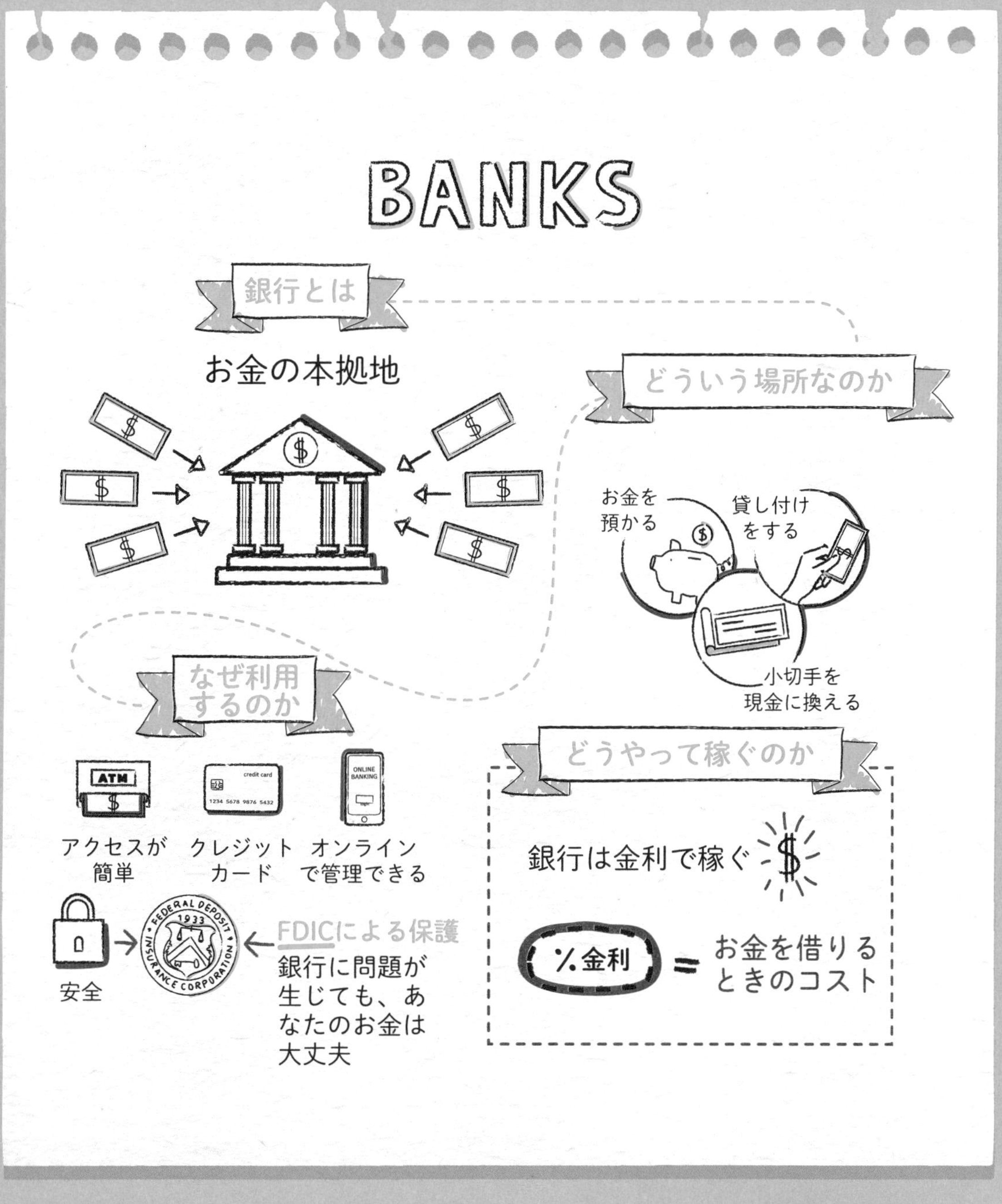

BANKS
銀行とは
お金の本拠地
どういう場所なのか
お金を預かる
貸し付けをする
小切手を現金に換える
なぜ利用するのか
ATM
credit card
1234 5678 9876 5432
ONLINE BANKING
アクセスが簡単
クレジットカード
オンラインで管理できる
安全
FEDERAL DEPOSIT INSURANCE CORPORATION
1933
FDICによる保護
銀行に問題が生じても、あなたのお金は大丈夫
どうやって稼ぐのか
銀行は金利で稼ぐ
%金利
＝
お金を借りるときのコスト

銀行とは、お金を預かり、小切手を現金化し、貸し付けを行なう場所である。お金を安全に保管してくれて、いろいろな取引を実行してくれるお金の本拠地のようなところだ。

銀行を利用するメリット

銀行の口座やいろいろなサービスを利用するメリットは次のとおり。

安全	銀行に預けたお金は連邦預金保険公社（FDIC）を通じて25万ドルまで保証される。
アクセスが簡単	預けるのも引き出すのも簡単。
オンラインで管理	銀行のウェブサイトやアプリで自分の口座を管理できる。
送金が簡単	口座と支払いのアプリをリンクさせれば、たとえばコンサートのチケット代を立て替えてくれた友達に簡単に送金できる。
貸し付けが受けられる	クレジットカードを申し込んだり、住宅ローンを利用できる。

安心安全

銀行に預けたお金は安全だ。連邦政府が連邦預金保険公社（FDIC）を通じて、1つの銀行で1人につき25万ドルまで保証してくれる。万一、銀行がつぶれて（ほとんどないことだけど）、あなたのお金がなくなったとしても、25万ドルまでならもどってくる。

> 「銀行っていうのは、金が必要ないと証明できたときだけ、金を貸してくれるところなんだ」
>
> ――ボブ・ホープ（コメディアン）

銀行はどうやって稼ぐのか

銀行は個人や企業にお金を貸して、利子を取る（口座にかかる各種手数料も銀行の収益になる。手数料を払わないですむように事前に規定をチェックしよう）。銀行はこの利子収入があるので、預金に対して少額の利息を払えるようになっている。

おもしろ豆知識

- **イタリアのクレディト・エミリアーノ銀行は、パルメザンチーズを担保にお金を貸してくれる。**
- **たった1ドルのために銀行強盗に入るなんて考えられないと思う。ところが、2011年にノースカロライナ州で、2013年にオレゴン州で、実際にそういう事件があった。理由は「刑務所に入れば医療を受けられるから」だった。**

ここがポイント

- 銀行に口座を持つと、お金を管理しやすくなる。
- 銀行に預けたお金は、連邦預金保険公社（FDIC）が25万ドルまで保証してくれるので、銀行がつぶれても安心（リーマン・ブラザーズよ、安らかに眠れ）。
- 銀行は貸し付けに利子をつけて稼いでいる。

バスタブに浸かったまま優雅に送金したいなら、オンラインバンキングが便利。

EMERGENCY FUND

緊急用資金とは

いざというときのための蓄え

なぜ必要なのか

緊急時に役立つ

失業したとき

急病のとき

突然修理が必要になったとき

目安 → 3カ月〜6カ月分の生活費を貯める

コツ

自動化する

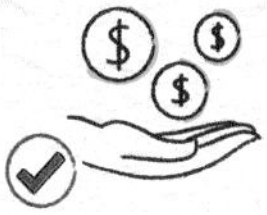

ほかの目標より優先する

貯蓄用の口座に預けておく

野外音楽フェスは緊急事態じゃない！

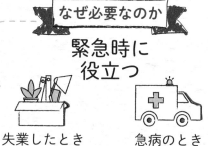

緊急用資金とは、いざというときのための蓄えのこと。
たとえば次のような事態に陥ったときに利用する。

- **失業したとき**
- **車が壊れたとき**
- **急病で病院に運びこまれたとき**

緊急用資金があれば、困難に直面したときに衝撃をやわらげることができ、早く立ち直れる。資金がなければ、厳しい経済的苦境が待っている。

緊急用資金のつくり方

一般に、緊急用資金としては3カ月から6カ月分の生活費を貯めるといいと言われている（3カ月から6カ月分の収入よりは少ないはず）。ただし、条件次第でその金額は変わってくる。

もうちょっと少なくてもいいケース	もっと貯めたほうがいいケース
十分な保険に入っている。	必要最低限の保険しか入っていない。
失業したときに身を寄せられる実家がある。	実家に帰ったり、友達の家のソファで寝るくらいなら死んだほうがましだと思っている。
生涯独身。	子どもやそれ以外の扶養家族がいる。
ほかに十分な資産がある。	すでに財政状態が危うい。

緊急用資金をつくるときには次のようにすると良い。

- **優先して貯める。多くの専門家が、老後の資金などより先に緊急用資金を貯めるようすすめている。**
- **貯蓄用の口座に入れる。安全ですぐにアクセスできるが、いくらかでも利息がつく。**
- **十分な資金が貯まるまで、自動で積み立てられるように設定する。**

いつ使うか

野外音楽フェスのチケットがもうすぐ売り切れそう――緊急事態だと思うかもしれないが、残念ながら違う。本当に緊急事態でないかぎり、豚の貯金箱は割ってはいけない。

また、事前に発生することがわかっている費用にも緊急用資金をあててはいけない。もうすぐ車がダメになりそうだと思ったら、新しい車を買うための資金を別に貯めよう。そうすれば、緊急用資金に手をつけずにすむ。

おもしろ豆知識

- **アメリカ人の5人に2人は、予定外の400ドルの請求書が来たら払えないという。**
- **緊急用資金に手をつけるもっとも多い理由は、住宅の修繕費、次が車の修理代。**

ここがポイント

- 緊急用資金とはその名のとおり、緊急の出費に備える蓄えである。
- 緊急用資金には3カ月から6カ月分の生活費を用意しよう。
- 貯蓄用の口座など、アクセスしやすいところに保管しよう（「貯蓄」の節を参照）。

予定外の失業に備えて緊急用資金を用意するのは大切なこと。予定外の妊娠に備えてエチケット袋とピクルスを用意するのも大切なこと。

保険

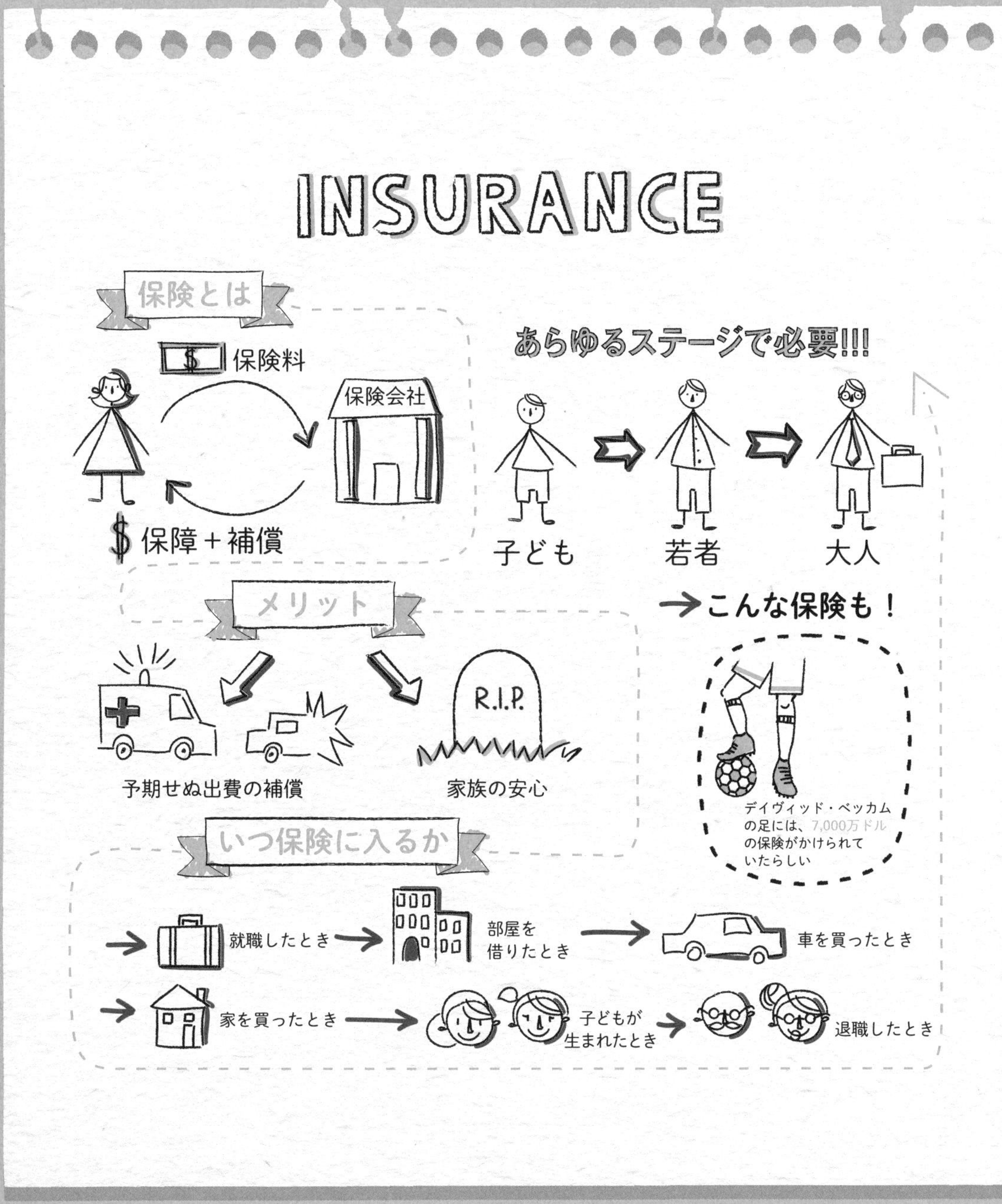

INSURANCE
保険とは
保険料
保険会社
保障＋補償
あらゆるステージで必要!!!
子ども
若者
大人
メリット
R.I.P.
予期せぬ出費の補償
家族の安心
→こんな保険も！
デイヴィッド・ベッカムの足には、7,000万ドルの保険がかけられていたらしい
いつ保険に入るか
就職したとき
部屋を借りたとき
車を買ったとき
家を買ったとき
子どもが生まれたとき
退職したとき

保険はあなたを経済的に守ってくれる。緊急用資金と同じようにあなたのセーフティネットとなり、不幸な出来事（事故、病気、火事、身内の死など）が起きても、経済的な不安を感じなくてすむようにしてくれる。

保険契約を結ぶとき、あなたは保険会社に定期的に保険料を支払うことを約束する。対する保険会社は、支払事由の発生により保険金を請求されたときには支払い、損害の発生により損失の補償を請求されたときには補償することを約束する。

人生のあらゆるステージで

必要な保険は、人生のさまざまなイベントを経て変わっていく。それぞれのライフステージで必要となる保険には、たとえば次のようなものがある。

人生の節目	必要な保険
就職	医療保険※を自分で選ぶ世界にようこそ。
はじめての一人暮らしで部屋を借りる	はじめまして、レンターズ保険（賃貸保険）。
自動車の購入	ほとんどの州では自動車保険に未加入だと運転できない。
住宅の購入	さようなら、レンターズ保険。こんにちは、所有権、住宅ローン、そして損害保険（洪水保険は別途加入）。
子どもの誕生	おめでとう！ その歓びのかたまりをあなたの医療保険に追加すること。生命保険にも入ったほうがいいでしょう。

保険で注意すべきこと

リスクと保険料 リスクが低ければ、保険料は安くなる。あなたがタバコをすわなければ、喫煙を原因とする病気で死ぬ確率は低くなるので、保険料は安くなるだろう。

免責金額 免責金額を確認しよう。免責金額とは、保険会社が支払い義務を負わず、あなたが負担しなければならない金額のこと。

保険金の請求 多額の保険金を請求すると、保険料は上がる。軽い衝突事故を起こしたときに自動車保険会社に連絡しない人がいるのはこれが理由。

契約書 保険は複雑で、契約によって違ってくる。契約書をよく読んで、内容をきちんと理解しよう。

おもしろ豆知識

- デイヴィッド・ベッカムは、足に7,000万ドルの保険をかけていたという。
- シャーリー・マクレーンは、宇宙人による誘拐に備えて2,500万ドルの保険に入っているらしい。

ここがポイント

- 保険に入るとは、保険会社に定期的に少額のお金を払うと約束すること。その代わり、保険会社は何かあったときには大金を払うと約束してくれる。
- 子どもの誕生や住宅購入など、人生の節目には、新しい保険が必要になる。
- 保険会社はリスクの高い保険には、より高い保険料を請求する。

1日1個のりんごは医者を遠ざける。医療保険に入らないのも同じ効果あり。

※アメリカでは、日本のように広く国民一般をカバーする公的医療保険制度は存在せず、高齢者、障害者、低所得者などだけを対象としている。公的医療保険の対象とならない人は、民間の医療保険に加入することになる。

おさらいクイズ

1 銀行に預けたお金が安全なのはなぜ?

a 金庫に入っているから。
b 銀行が安全だと言うから。だって、嘘を言うはずないじゃない?
c 銀行のCEOが保証してくれるから。
d 連邦政府が25万ドルまで保証してくれるから。

2 銀行はどうやって稼いでいる?

a お金を貸して利子を取る。
b 住宅を差し押さえる。
c 実はマネーロンダリングをしている。
d 月に1度、金を詰めたかばんを持たせて、会長をラスベガスに送りこんでいる。

3 予算を組むことのメリットとして適当とは言えないのは?

a 収入の範囲内で生活できるようになる。
b 退職後にもらえる年金が増える。
c 実際に何に使っているか把握できる。
d 目標のためのお金を分けておける。

4 予算の区分の目安は?

a 10/90ルール:10%は家賃、90%はガールスカウト・クッキーに。
b 40/20/40ルール:40%は住居費、20%は食費、40%はそれ以外に。
c 50/20/30ルール:50%は生活に必要なもの、20%は将来の目標、30%は自由に。
d 10/10/80ルール:10%はバーに、10%はウーバーに、80%は楽しい時間に。

5 複利とは?

a 生じた利息にさらに利息がつくこと。
b 株式の毎月の配当。
c パーティーで自分を賢く見せるために言う単語。
d ドラマのシーズン1よりシーズン2のほうが気に入ること。

6 1カ月間毎日1万ドルずつもらうほうが、1カ月間毎日倍になる1セントをもらうより多くのお金を手にできる。これって正しい？

正しい　　まちがい

7 複利の魔法を実現するには？

a　ホグワーツ魔法魔術学校に行く。
b　銀行口座を開設するとき、申込用紙のなかの「複利希望」にチェックマークを入れる。
c　ついた利息を引き出さずに、増やし続ける。
d　毎日瞑想する。

8 一般的な借金に含まれないものは？

a　学生ローン
b　小規模事業ローン
c　出世払い
d　住宅ローン

9 良い借金とは？

a　低金利で、賢い投資のために借りるお金。
b　楽しみのために借りるお金。
c　500ドル以下の借金。
d　あなたにとって本当に大切なものを教えてくれる借金。

10 緊急用資金には3カ月から6カ月分の生活費を用意しておくべき。これって正しい？

正しい　　まちがい

11 緊急用資金に手をつけていいのは？

a 親友の独身最後の夜のパーティーに行くとき。
b 新しい職場用に洋服を買う必要があるとき。
c オーガニックなランチを食べたいとき。
d 失業して、医療保険を自分で払わなければならないとき。

12 保険料を節約したかったら？

a 買い物で貯めたポイントを使う。
b 健康に気をつけて、本当に必要なとき以外は保険金を請求しない。
c カナダに移住する。
d いちばん高く買ってくれる人に保険証券を売る。

13 お金を借りるとき、探したほうがいいのは？

a 返済できなくなったときに、あなたを守ってくれる筋骨隆々の友達。
b 高金利のローン。あなたが本当に返せるとは向こうも思わないから。
c 低金利のローン。低金利のほうが収益が大きいから。
d 低金利のローン。支払う額が少なくてすむから。

14 単利とは？

a 1回だけもらえる利息。
b 複利と違って、元本にだけ発生する利息。
c 単勝馬券で得た利益。
d 独身でいることの利点。

15 40歳になるまではお金を貯めなくてもいい。これって正しい？

正しい　　まちがい

16 お金を貯めるためにすることとして適当とは言えないのは？

a　貯蓄用の口座をつくって貯める。
b　貯蓄用の口座に自動的に入金されるようにする。
c　毎月の給料の決まった割合を貯金する。
d　子どもを持つ。

答

[1] d　[2] a　[3] b　[4] c　[5] a　[6] まちがい　[7] c　[8] c　[9] a
[10] 正しい　[11] d　[12] b　[13] d　[14] b　[15] まちがい　[16] d

第 2 章

信用をつくる

信用

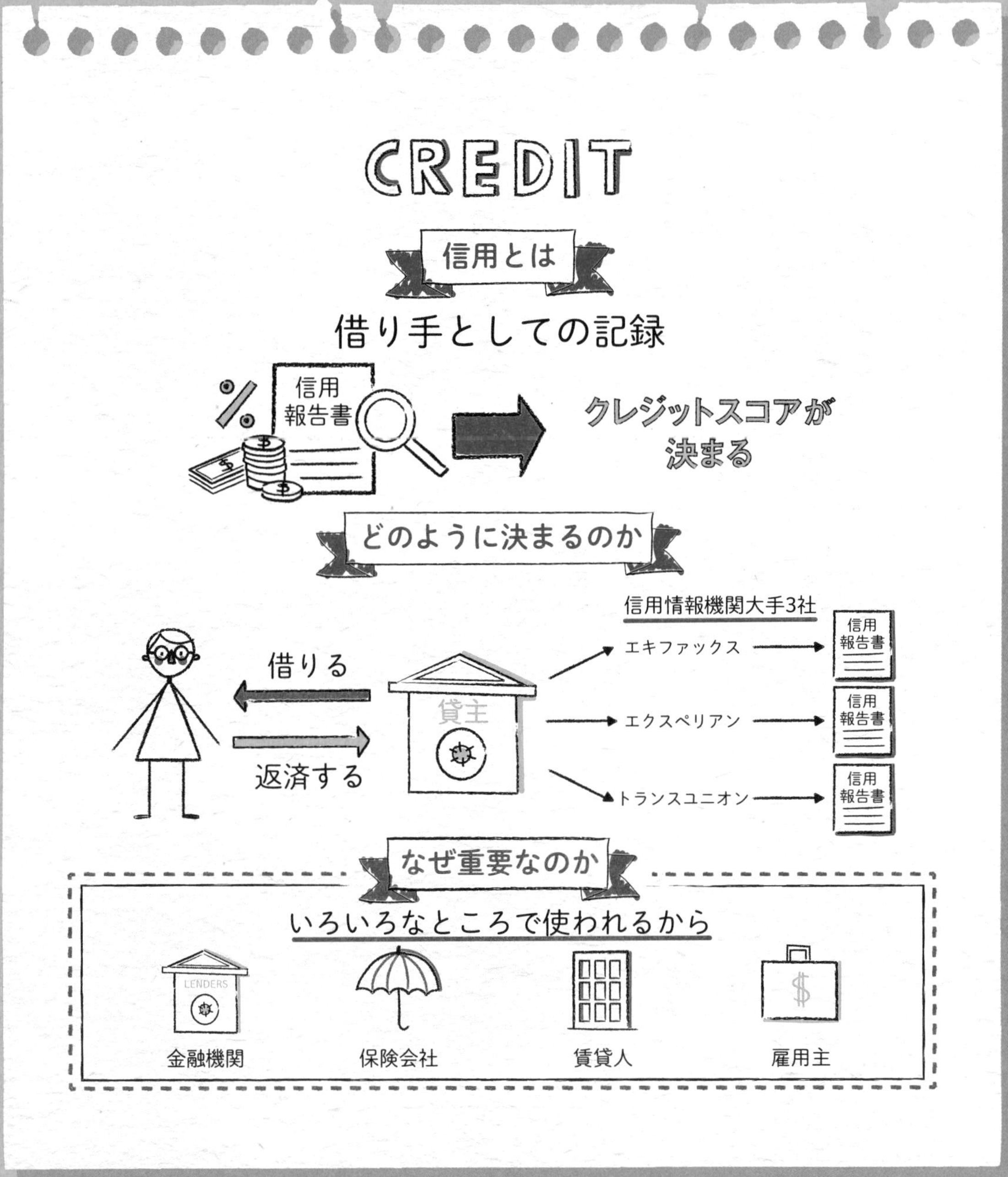
CREDIT
信用とは
借り手としての記録
信用
報告書
クレジットスコアが
決まる
どのように決まるのか
信用情報機関大手3社
借りる
返済する
貸主
エキファックス
エクスペリアン
トランスユニオン
信用
報告書
信用
報告書
信用
報告書
なぜ重要なのか
いろいろなところで使われるから
LENDERS
金融機関
保険会社
賃貸人
雇用主

信用とは、簡単に言えば、あなたの経済的な評判のこと。あなたの信用履歴には、借り手としての記録がつづられていて、そこには期日どおりに支払いをしたかどうかという情報も含まれている。

なぜ重要なのか

信用履歴はさまざまな用途に使われる。たとえば次のようなときに参照される。

- **金融機関がお金を貸すかどうかを決める。**
- **貸すときの金利を決める。**
- **保険会社が保険料率を決める。**
- **賃貸人が不動産を貸すかどうかを決める。**
- **会社が雇用するかどうかを決める。**

信用はどのようにつくられるか

信用はお金を借りるたびにつくられる。約束どおりに返済すると信用は高まる。返済しないと、悪い信用履歴が残る。信用に影響する行動には次のようなものがある。

- **クレジットカードで買い物をして、毎月支払う。**
- **学生ローンの返済をする。あるいはしない。**
- **自動車ローンや住宅ローンなど、さまざまなローンの返済をする。あるいはしない。**
- **当座借越**（残高がマイナスで、銀行から一時的に借り入れをしている状態）**のままにしている。**
- **水道光熱費や医療費の請求書を放置している。**
- **請求書が債権回収会社にまわされる。**

あなたの信用履歴を追っているのは誰？

「信用情報機関」と呼ばれる民間の会社だ。あなたがクレジットカードの支払いを遅延すれば、カード会社はそのことを信用情報機関に報告するだろう（報告しないように説得で

きること もある）。アメリカの主な信用情報機関は次の3つ。※

●エキファックス　●エクスペリアン　●トランスユニオン

信用情報機関は報告された内容はすべて7年間保管する（通常7年たったらマイナスの評価は削除される）。この報告書は「信用報告書」と呼ばれ、クレジットスコアを計算するのに使われる。

おもしろ豆知識

- **エキファックスとエクスペリアンは、事業を営む者が集まって、支払いが滞る顧客の情報を共有するために生まれた。**
- **エキファックスは昔、消費者の「婚姻」や「政治活動」から、なんと「夜の生活」についての情報まで集めていたと言われている。**

ここがポイント

- あなたの信用と信用履歴は、あなたの借り手としての記録である。
- 信用は大事。ローンを受けられるかどうか、ときには雇ってもらえるかどうかにまで影響する。
- 貸し手はあなたがいくら借りているか、期日どおりに返済しているかどうかを信用情報機関に報告している。この情報が集まって、信用報告書がつくられる。

レストランの店員に対する態度もクレジットスコアに影響すればいいのに。

※ちなみに日本では主に次の3つの信用情報機関がある。

・全国銀行個人信用情報センター（KSC）
・株式会社日本信用情報機構（JICC）
・株式会社シー・アイ・シー（CIC）

クレジットカード

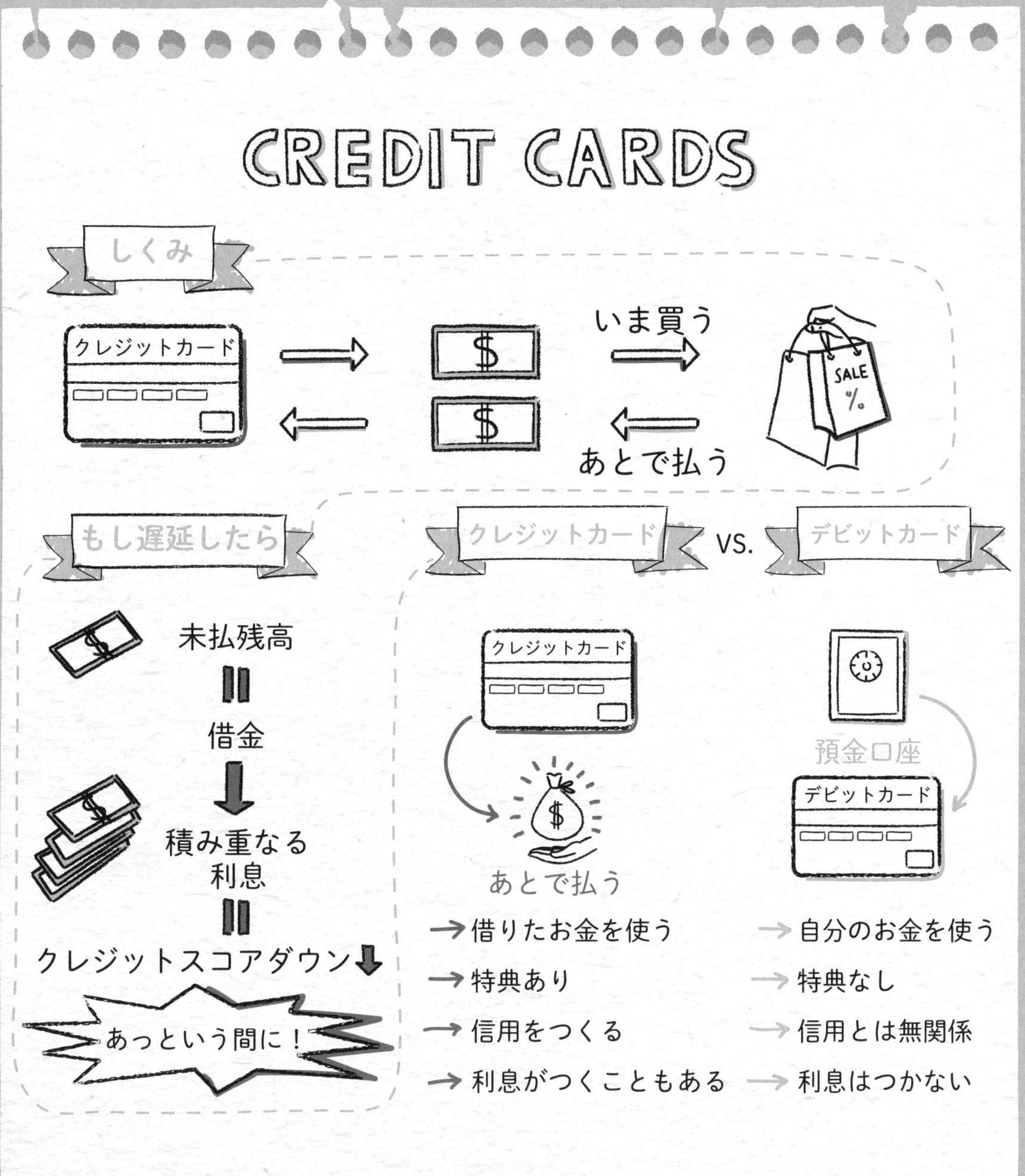
CREDIT CARDS
しくみ
クレジットカード
いま買う
あとで払う
SALE
%
もし遅延したら
未払残高
借金
積み重なる
利息
クレジットスコアダウン
あっという間に！
クレジットカード
VS.
デビットカード
クレジットカード
あとで払う
預金口座
デビットカード
→借りたお金を使う
→特典あり
→信用をつくる
→利息がつくこともある
→自分のお金を使う
→特典なし
→信用とは無関係
→利息はつかない

クレジットカードを使えば、いま買って支払いはあとまわしにできる。お札と小銭を数える手間もかからない。クレジットカードで支払いをするということは、そのカードの発行会社（銀行など）から借り入れをしていることになる。クレジットカードの残高は、その時点であなたが借りている金額である。

クレジットカードにはたいてい限度額が設定されている。たとえば限度額が5,000ドルなら、残高がその金額を超えることはできない。その金額を超えて使おうとすれば、カードは受けつけてもらえないだろう。

支払いが遅延したら？

どんな借金でもそうだが、クレジットカードでも支払い期日は守らなければならない。期日を超えた残高に対しては利息が発生する。決められた最低額すら払えなければ、遅延手数料も発生するだろう。クレジットカードの支払いを遅延すると、まちがいなくクレジットスコア（次節を参照）を落とすことになる。それもあっという間に。

クレジットカードのメリット

気をつけて使えば、クレジットカードはとても便利。

- **オンラインで使える。**
- **なくしたり盗まれたりしても大丈夫。**
- **ポイントやマイル、キャッシュバックなど、さまざまな特典がある。**
- **信用履歴をつくるのに役立つ。**

クレジットカードVSデビットカード

ほとんどの場面で（店でもオンラインでも）クレジットカードとデビットカードは同じように使えるが、いくつか大きな違いがある。

	クレジットカード	デビットカード
しくみ	お金を借りて支払い、あとで返済する。	銀行口座から直接支払う。
利息	残高が繰り越されると、利息がかかる。	なし。
特典	ある。	たいていはない。
信用履歴への影響	期日にきちんと支払えば、良い信用情報となり、遅延すれば悪い信用情報となる。	影響しない。
入手のしやすさ	審査に通らなければならない。	銀行に口座を開けば、普通はついてくる。

おもしろ豆知識

- **アメリカではおよそ4億枚のクレジットカードが利用されている。1人1枚以上持っている計算になる。**
- **アメリカでは1974年まで女性がクレジットカードを持つには、夫の連帯署名が必要だった。信用機会均等法によりクレジットカードを発行する際の差別が禁止された（いまでも適用される金利は、平均すると女性のほうが高い）。**

ここがポイント

- クレジットカードを使うということは、借金をするのと同じこと。
- ほかの借金と同じように、クレジットカードの利用残高は期日にまちがいなく支払うようにしなければならない。そうしないと、利息や遅延手数料が発生する。
- クレジットカードとデビットカードはほとんど同じもののように見えるが、利息や信用履歴への影響、特典の有無などに違いがある。

個人情報を盗まれて誰かになりすまされても、盗まれるのが現金じゃなくてクレジットカードならたいして怖くない。なりすましたついでに、子育てもしてくれないかな。

IMPROVING CREDIT

信用を高めるとは

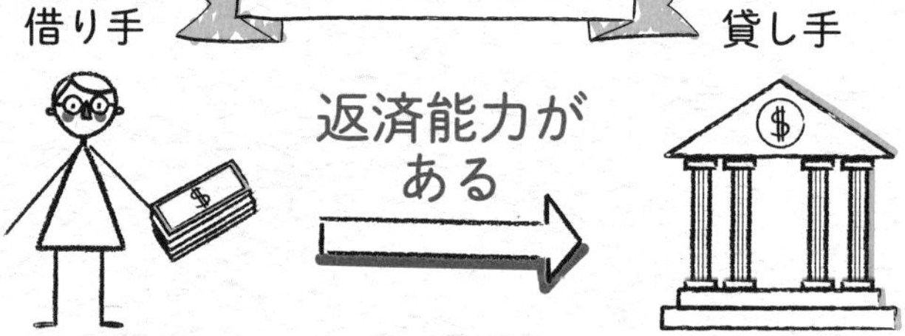

どうやって高めるか

してはいけないこと

- 期日どおりに払わない
- 限度額の30%以上使う
- 古いクレジットカードを解約する
- 必要もないのに新しいクレジットカードをつくる

すべきこと

- 期日どおりに払う
- 毎月、利用額全額を払う
- 信用報告書をチェックする
- 限度額の引き上げを提示されたら受ける

なぜ重要なのか

信用力がある＝金利が下がる＝節約できる

信用報告書とクレジットスコア※は、あなたが借りたお金をきちんと返済して、いい記録を残しているかどうかを教えてくれる。金融機関などの人たちは、信用履歴を見て、あなたが債務を履行する人かどうか判断する。信用履歴が良ければ、クレジットカードの審査は通りやすくなるし、家を借りるときや住宅ローンを組むときも有利になるし、仕事も得やすくなるだろう。

どうやって信用を高めるか

すでに完璧な信用履歴を持っている人も、金銭的に苦しい人も、クレジットスコアを上げるために次のことを試してみてほしい。

- **請求書はすべて期日までに払う。**
- **クレジットカードの利用額は毎月すべて払う。**
- **支払ったのに未払いになっているなどのまちがいがないか、ときどき自分の信用報告書をチェックする**（信用報告書は大手3社の信用情報機関から年に1回無料で受け取れる）。
- **限度額の引き上げを提示されたら受ける。**

履歴とスコアを守るために、次のことはしないように。

- **支払いを遅延する**（クレジットカードだけではなく、すべての借り入れについて）。
- **クレジットカードの限度額の30%以上の金額を使う。**
- **古いクレジットカードを解約する。**
- **必要もないのに、新しいクレジットカードを申し込む。**

クレジットスコアはなぜ重要なのか

クレジットスコアが良ければ、借り入れをするとき金利が優遇されるので節約できる。

2つの住宅ローン（いずれも20万ドル、返済期間は30年）をくらべてみよう。クレジットスコアが高い人は、30年で10万ドルくらい節約できるかもしれない。

	返済期間	借入金額	利率	毎月の返済額	利息の合計
高クレジットスコア	30年	20万ドル	5%	1,074ドル	18万6,512ドル
低クレジットスコア	30年	20万ドル	7.5%	1,398ドル	30万3,434ドル

おもしろ豆知識

- 「クレジット」という言葉はラテン語のcredereから来ている。意味は「信用する」。
- 信用力を高めれば、あなたにふさわしい恋人が見つかるかも。CreditScoreDating.comは相手の信用履歴を重視する人との出会いを提供してくれる。

ここがポイント

- 信用力を高めるには、払うべきものは期日までに払い、クレジットカードの利用残高は翌月に繰り越さないこと。
- 新しいクレジットカードをつくらない、古いカードを解約しない、限度額の30%以上を使わないことも役立つ。
- 信用力が高まるとお金や住まいを借りやすくなるが、住宅ローンなどのローンを組むときにはお金を節約できるようになる。

ローマとビヨンセは一日にしてならず。信用力もね。

※クレジットスコアとは、その個人に返済能力があるかどうかを数値で表したもの。日本ではまだ馴染みがないかもしれないが、アメリカでは借り入れの際だけではなく、転居や就職活動の際に参照されることもあるほど浸透している指標。

FICOスコア

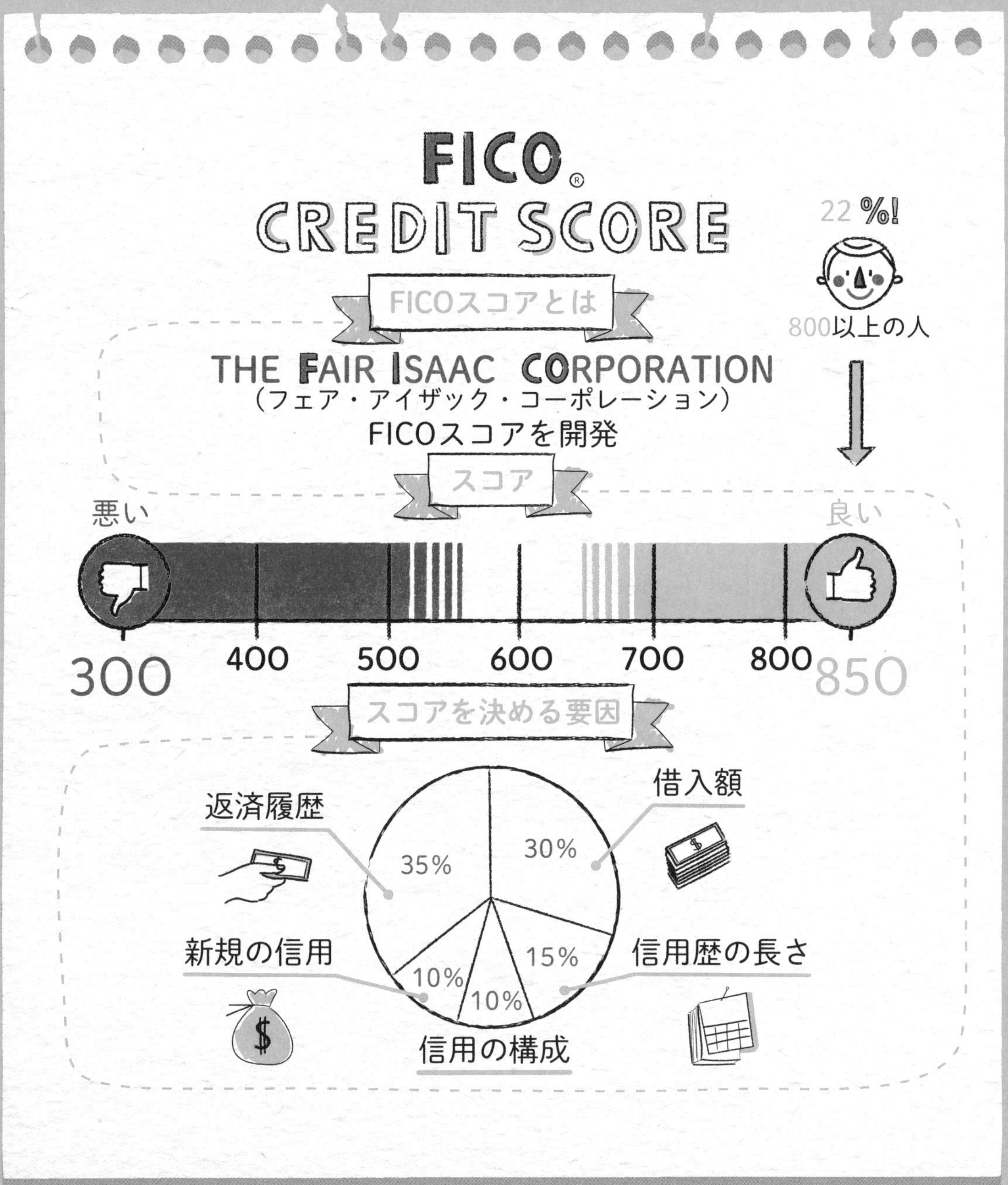

FICO®
CREDIT SCORE
FICOスコアとは
THE FAIR ISAAC CORPORATION
（フェア・アイザック・コーポレーション）
FICOスコアを開発
22%!
800以上の人
スコア
悪い
良い
300
400
500
600
700
800
850
スコアを決める要因
返済履歴
35%
借入額
30%
信用歴の長さ
15%
新規の信用
10%
信用の構成
10%

「あなたのクレジットスコアは……」というフレーズはよく耳にすると思うが、実は「あなたのクレジットスコア」は1つではなく、たくさんある。いちばん有名で、よく使われているのがFICOスコアだ。これはスコアを算出する会社の名前（Fair Isaac Corporation）からつけられた。

良いFICOスコアとは

FICOスコアは300から850。数字が上がるほどいい。

スコア	評価	該当する人の割合
800〜850	すばらしい！	22%
700〜799	十分です。	36%
600〜699	もう少しがんばりましょう。	23%
300〜599	ヤバい。	19%

何がスコアを決めるのか

FICOスコアを決める要素は大きく分けて5つある。そのなかでも特に重要なものがある。

要素	割合	内容
返済履歴	35%	過去、期日に返済してきたかどうか。
借入額	30%	クレジットカードの限度額いっぱいを利用しているか。それとも一部しか使っていないか。
信用歴の長さ	15%	信用歴がどのくらいあるか（長いほうが良い）。
新規の信用	10%	先月に新しいクレジットカードを20枚もつくっていないか。節度を持って新しいクレジットカードを使っているか。
信用の構成	10%	クレジットカードのほかに、学生ローンや住宅ローンなどの借金はないか。

おもしろ豆知識

- スコアがフェアだと言いたいから、会社名にFairが入っているわけではない。会社をつくったのが、ウィリアム・フェアとアール・アイザックだったからだ。
- ウルトラFICOスコアは新しいクレジットスコアで、銀行残高が考慮される。クレジット履歴があまりない人や、まったくない人の役に立つだろう。

ここがポイント

- クレジットスコアのなかでは、おそらくFICOスコアがいちばんよく使われている。
- FICOスコアは300から850で表示される。スコアは高いほうが良い。
- FICOスコアでもっとも大切な要素は、過去に借りたお金をきちんと返済しているかどうか。借入額、信用歴の長さなども大切。

息がくさい人とFICOスコアの低い人に魅力を感じることはない。

おさらいクイズ

1 信用（クレジット）とは？

a クレジットカードを発明した人の名前。
b 犯罪歴のこと。
c 借り手としての評判のこと。
d 映画『ロッキー』の続編。

2 信用情報機関ではないのは？

a トランスアメリカ
b トランスユニオン
c エキファックス
d エクスペリアン

3 未払いの医療費は信用報告書に影響することがある。これって正しい？

正しい　　まちがい

4 信用力を高める方法として適当ではないのは？

a 請求書の支払いをする。
b 店員にすすめられたらすぐに新しいクレジットカードをつくる。
c クレジットカードの利用額を翌月に繰り越さずに払う。
d 定期的に信用報告書を取り寄せてまちがいがないかチェックする。

5 信用力に傷がつくからしてはいけないこととして適当とは言えないのは？

a 支払いを遅延する。
b 限度額いっぱいまで使う。
c クレジットカードを凍らせて使えないようにする。
d 店員にすすめられたらすぐに新しいクレジットカードをつくる。

6 信用履歴とクレジットスコアがチェックされる可能性があるのは？

a 就職するとき。
b 新車を現金で買うとき。
c 先生が単位（クレジット）をくれるとき。
d 結婚の誓いを立てるとき。

7 使わない古いクレジットカードを解約するとクレジットスコアが上がる。これって正しい？

正しい　　　まちがい

8 クレジットカードで支払いをするとき、あなたがしているのは？

a 端末機に読み取られるのをわくわくしながら待っている。
b いかに自分が金持ちであるかを見せびらかしている。
c モノポリーのクレジットカードを使っている。本当に使える？
d クレジットカードの発行会社から、あとで返さなければならないお金を借りている。

9 クレジットカードの支払いを遅延するってどういうこと？

a 相手をじらす。
b 1年に1回くらいなら大丈夫。
c 死ぬ。
d 大ごとだから避けたほうがいい。でも、二度と立ち直れないということはない。

10 責任を持って適正にクレジットカードを使えば、信用力を高めることができる。これって正しい？

正しい　　　まちがい

11 デビットカードで支払いをすると、たいていは特典がつく。これって正しい？

正しい　　　まちがい

12 FICOスコアとは？

a あなたが幸せな人生を送れるかどうかを決める唯一の指標。
b いちばんよく知られているクレジットスコア。
c 給与指標。
d ゲーム『フォートナイト』の最高得点。

13 FICOスコアで最高ランクは？

a 0〜100
b 900〜1000
c 800〜850
d 867〜5309（電話番号じゃない？）

14 信用履歴は短いほうがいい。あまり使っていないということだから。これって正しい？

正しい　　まちがい

15 FICOの名前の由来は？

a Falling Into Cave Openings.（開いた洞窟に落ちる。）
b Finally, I Can Open a credit card Act.（とうとう私はクレジットカードの幕を開けることができる。）
c The Federal Insurance Contributions Organization.（連邦保険拠出機関）
d The Fair Isaac Corporation.（フェア・アイザック・コーポレーション）

[1] c　[2] a　[3] 正しい　[4] b　[5] c　[6] a　[7] まちがい　[8] d
[9] d　[10] 正しい　[11] まちがい　[12] b　[13] c　[14] まちがい　[15] d

第 3 章

投資する

投資

INVE$TING

投資とは

利益を求めてお金を投入すること

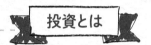

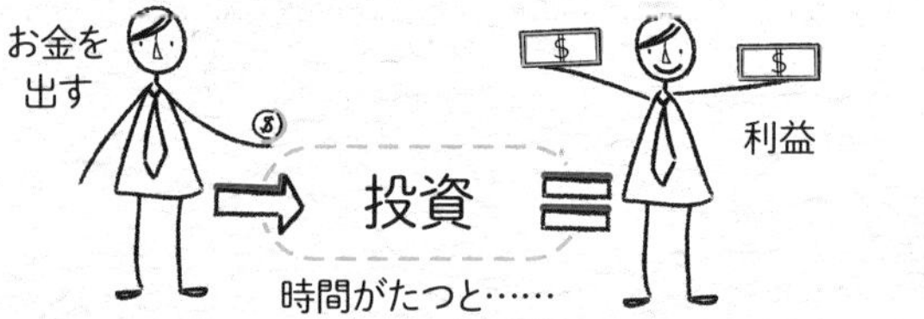

なぜ投資するのか

より大きなリターンが見込めるから

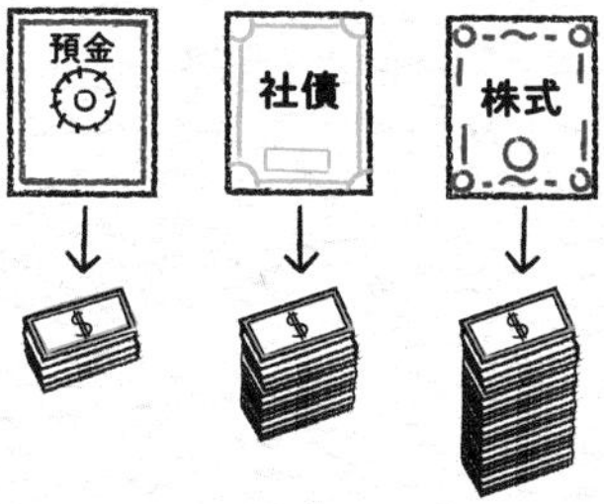

芸術に投資するとこんなことも!!

バンクシーの絵は切り裂かれたあと価値が2倍になった!

しくみ

分け前が大きくなる

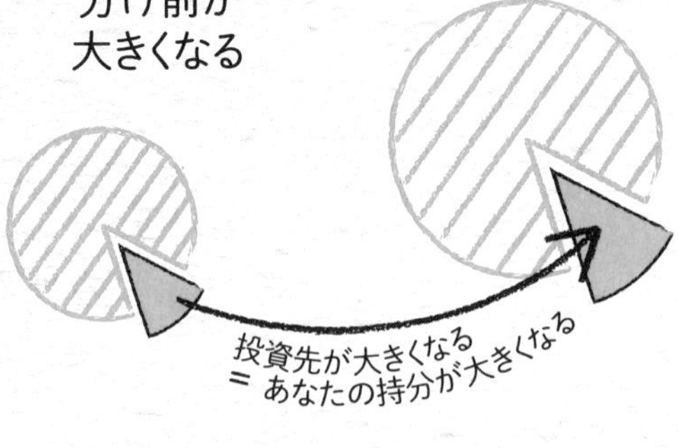

> 「貯金するだけで億万長者になった人がいるだろうか」
> ――ロバート・G・アレン
> （投資家、作家）

投資とは、利益を期待して自分のお金を投入すること。

誰でも何かに投資したことはあるだろう。教育に投資したなら、期待する利益は将来いい仕事について、高い収入を得ることだろう。高価な靴に投資したなら、誉め言葉や一目置いてもらうことを期待するのではないか。

しかし、金融の世界では、投資と言えば、利益を上げることを目的として、株式や社債、ベンチャー企業に自分のお金を投入することを言う。

なぜ投資するのか

投資は、富を増やすうえで威力を発揮する。株式や投資信託などの投資は、長い時間をかけて大きな利益をもたらしてきた。利率0.1％で銀行にお金を預けた場合と、平均利回りが10％の株式に投資した場合をくらべてみよう。

	初期投資	利回り	投資期間	最終金額
預金	1万ドル	年率0.1％	20年	1万202ドル
株式	1万ドル	年率10％	20年	6万7275ドル

もちろん、現実の世界では株価は上がったり下がったりするので、毎年順調に利益を手にできるとはかぎらない。でも、多くの場合、長い目で見れば、投資はほかの選択肢よりも速くお金を増やしてくれる。

投資のしくみ

株式市場は長期で見れば、たいてい上昇する。人口増加とテクノロジーの進化によって、経済が成長するからだ。

世界に人が増えるということは、買い物をする人が増えるということ。テクノロジーの進化は、働く人の生産性を高め、新しい発見を促す。こうして企業はもっと製品を売るようになり、利益を上げていく。投資すれば、この利益の分け前がもらえる。

基本的にはこういうことだ。

ステップ1 会社の所有権の一部を買ったり（株式を購入する）、会社にお金を貸したり（社債を購入する）して投資する。

ステップ2 会社は製品を売って成長する。

ステップ3 あなたの持分は増えているので、売れば利益を得られる。あるいは、会社は利息をつけてお金を返してくれる。

投資先は株式市場にかぎらない。不動産、通貨、ヴィンテージカーなどにも投資できる。

おもしろ豆知識

- **芸術は投資先として有望かも。バンクシーの『少女と風船』は、2018年のサザビーズのオークションで自動的に裁断されたあと、価値が2倍になったと言われている。**
- **金持ちになるのに、最初から金持ちである必要はない。ウォーレン・バフェットの富は、新聞配達をして稼いだお金からはじまっている。はじめて株式投資をしたのは11歳のときだった（投資先は、石油会社のシティーズ・サービス、現在のシットゴー）。**

ここがポイント

- 投資とは、利益を期待して自分のお金を投入すること。
- 株式、社債、その他に投資すれば、時間を経て大きな利益をもたらすかもしれない。
- 投資が有効なのは、経済が成長するから。それは、企業がよりたくさんのモノを売って、より大きな利益を上げるようになることを意味する。

証券会社に電話すれば、投資についてアドバイスがもらえる。ママに電話すれば、頼んでもいない人生についてのアドバイスがもらえる。

アセットクラス

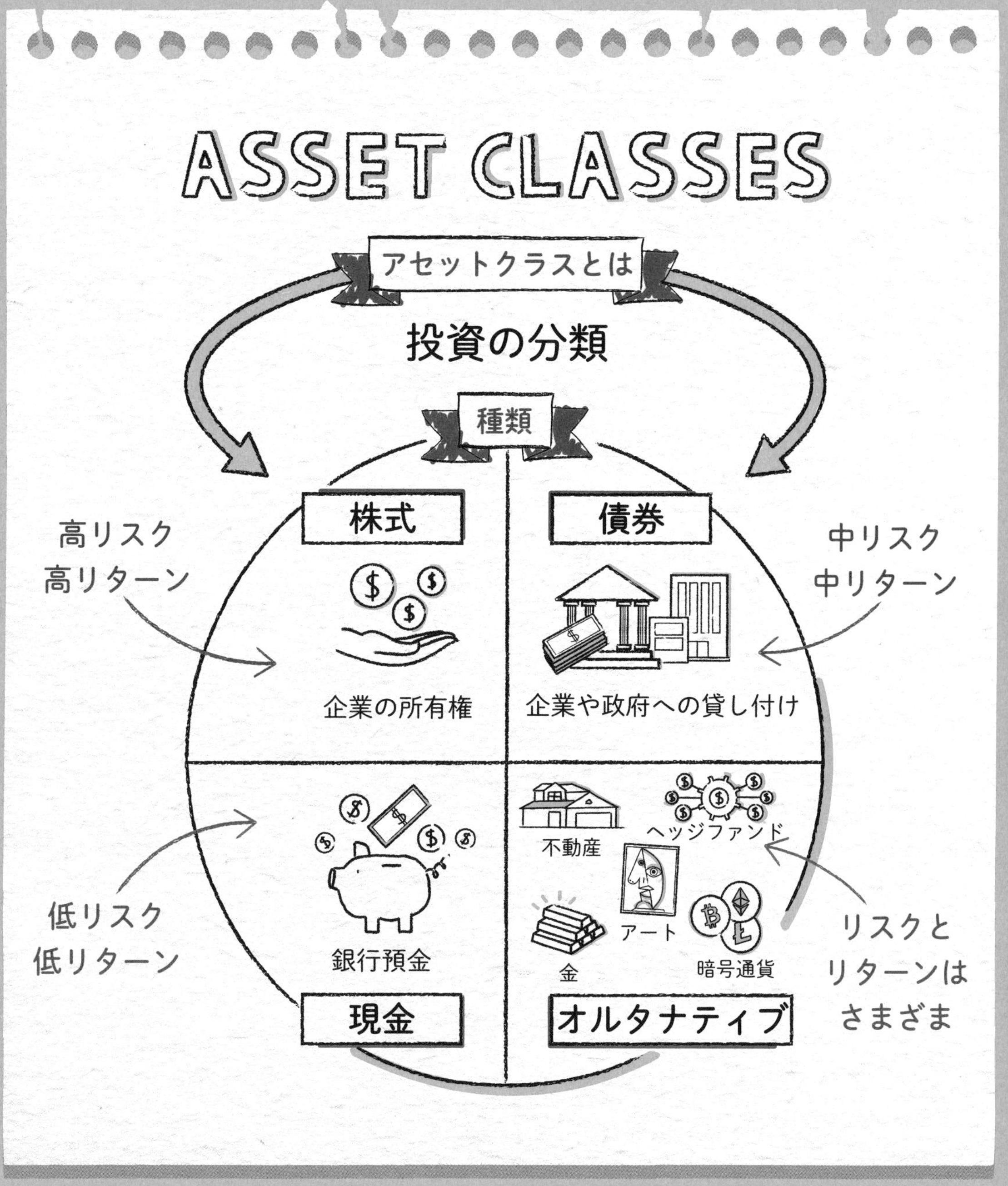
ASSET CLASSES
アセットクラスとは
投資の分類
種類
株式
企業の所有権
高リスク
高リターン
債券
企業や政府への貸し付け
中リスク
中リターン
現金
銀行預金
低リスク
低リターン
オルタナティブ
不動産
ヘッジファンド
アート
金
暗号通貨
リスクと
リターンは
さまざま

アセットクラスとは、投資資産の分類のこと。投資の構成単位となり、それらを組み合わせることで、バランスの取れたポートフォリオをつくれる。

主なアセットクラス

株式 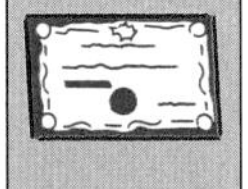	・株式を購入すると、その会社の一部を所有することになる。 ・株価が上がれば、儲けを手にできる。基本的には、その会社の利益が増えれば株価は上がる。 ・株式によっては配当ももらえる。配当とは、一定の期間ごとに分配される現金または株式のこと。 ・全部ではないが、多くの株式が、ニューヨーク証券取引所などの株式市場で取引される。証券会社のネットワークを通じて売買される株式もある。
債券 	・債券を購入すると、発行した主体（企業や政府）に貸し付けをしたことになる。 ・ほとんどの場合、利息が支払われて、それが利益となる。 ・債券が満期を迎えたときには、最初に投資した元本がもどってくる。 ・債券は基本的に取引所で取引されないが、証券会社で売買できる。
現金 	・現金には、銀行に預けたものだけではなく、財布のなかのものも含まれる。 ・利息のつく口座に預けている場合、多少の利益を得られる。 ・株式や債券と違って、銀行に預けた現金は25万ドルまでは保証されるので安全だ。
オルタナティブ 	・オルタナティブには、不動産、ヘッジファンド、未公開株式、暗号通貨、金（きん）などの商品のほか、上記の区分にあてはまらないものすべてが含まれる。 ・不動産投資の場合、借り手から受け取る賃貸料が収益となる。 ・暗号通貨や金（きん）などのオルタナティブ投資では、見返りに何かが支払われることはない。その代わり、投資家は所有する暗号通貨や金（きん）などの価値が上がることを期待する。

おもしろ豆知識

- 夢見ることができれば、かならず投資の対象にできる。過去には、天気、古代中国の陶器の価値、人の生死を投資対象としたファンドがあった。
- 不動産投資は絶対に儲かるからとすすめられることがあるが、長い目で見れば株式のほうが儲かる。

ここがポイント

- 株式や債券に代表されるアセットクラスとは、投資の分類のこと。
- 株式とは企業の所有権であり、普通は企業の収益の増加に伴って価値が上がる。
- 債券とは企業などへの貸し付けであり、借り手は元本を返済するまで利息を払う。
- ほかの投資の多くは、オルタナティブ投資という分類に含まれる。

基本的なアセットクラスと言えば、株式、債券、不動産、現金――
投資するときはアセって分類（クラス）をまちがえないように。

分散投資

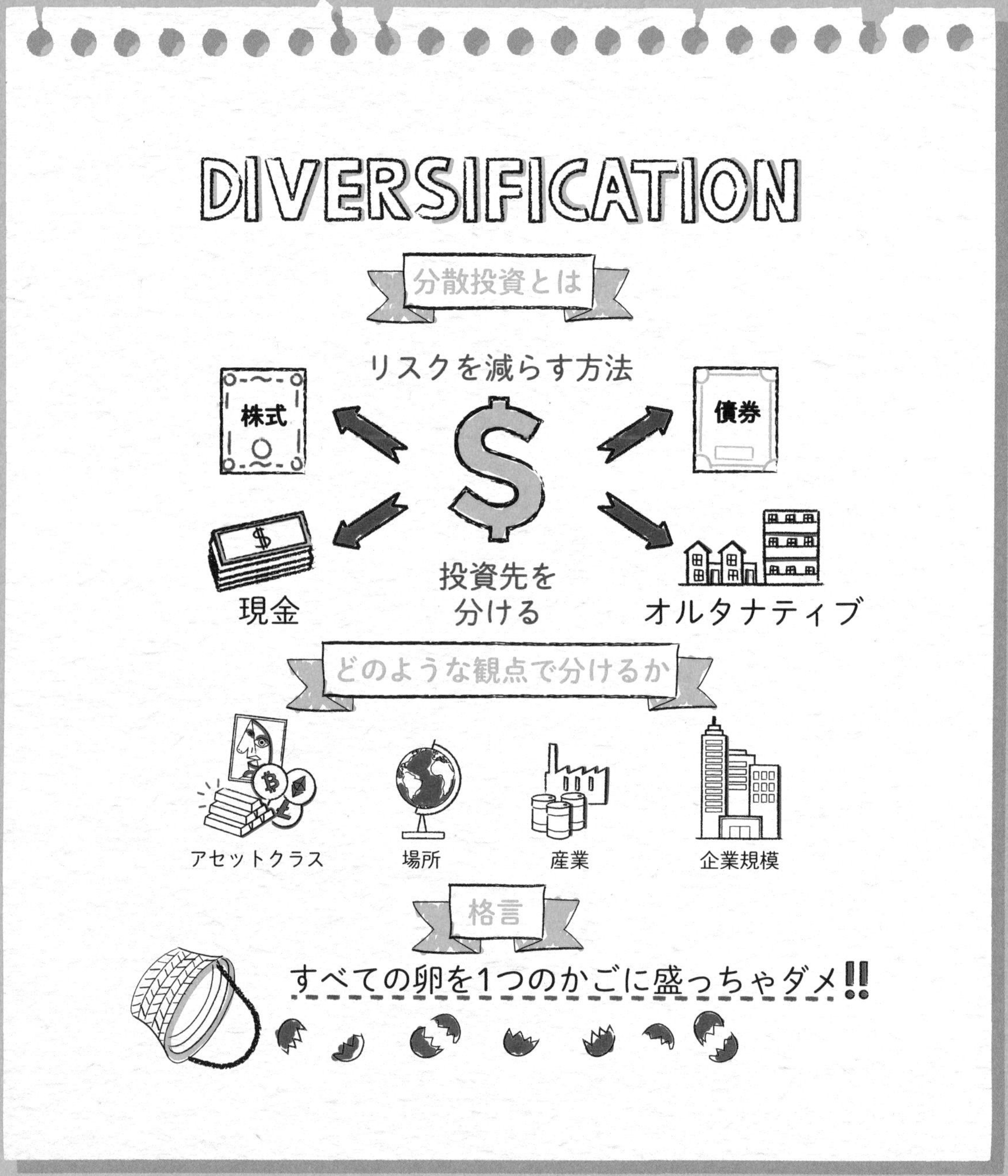
DIVERSIFICATION
分散投資とは
リスクを減らす方法
株式
債券
$
現金
投資先を分ける
オルタナティブ
どのような観点で分けるか
アセットクラス
場所
産業
企業規模
格言
すべての卵を1つのかごに盛っちゃダメ!!

分散投資とは、さまざまな種類の投資先にお金を分けて投入すること。ギャンブルでかけ金を分散させるのと同じ。

> 「干し草の山のなかから一本の針を見つけようとするな。干し草の山ごと買いなさい」
> ——ジョン・ボーグル
> （インデックス投資家）

分散投資のメリット

投資に関する議論で専門家の意見が一致することは少ないが、分散投資がいい戦略であることは多くの専門家が認めている。分散投資にはたとえば次のような利点がある。

- **リスクを減らす。投資先を分散しておけば、そのうちの１つか２つが暴落しても、失う額は小さくてすむ。**
- **勝者を探しやすくなる。投資家なら誰でも次のグーグルやアマゾンを見つけたいと思うはず。投資先を増やせば、当たる確率も高くなる。**
- **運用利益をならす。投資したものによっては年ごとに価格が上がったり下がったりするものもあるだろう。しかし、広く保有しておけば、こうしたブレを減らせる。**

投資先を分散する方法

次のような観点から分けると良い。

アセットクラス	株式、債券、現金、オルタナティブ投資に分散する。
場所	アメリカは投資場所としてすばらしいが、アメリカの景気が後退したときには、ほかの国への投資が利益を生むかもしれない。
産業	ハイテク産業が最良の投資先である時代もあれば、石油産業（あるいはほかの産業）が最良の投資先という時代もある。あらゆる産業に少しずつ投資するのは理にかなっている。
債券発行体	債券に投資するときには、企業、連邦政府、州、地方自治体が発行する債券に分散する。

企業規模	景気がいいときには小さな企業のほうが大きなリターンを生み、景気が悪くなると大企業のほうが大きなリターンを生む傾向にある。両方に投資することを検討しよう。

おもしろ豆知識

- **分散（diversification）という単語は、「異なった方向を向いた」という意味のラテン語diversusと、「する」「つくる」を意味するfaciōから来ている。**
- **分散先として金などの貴金属を選ぶ投資家もいる。株式市場が暴落して投資家が安全な投資先を求めるときに、金の価値は上がることが多い。**

ここがポイント

- 分散投資とは、さまざまな種類の投資先にお金を分けて投入すること。
- 分散投資をすれば、リスクを下げ、成功する企業を当てる確率を上げ、運用成績をならすことができる。
- 異なるアセットクラス、国、産業などに投資することで分散投資ができる。

分散投資は投資戦略として最適。おいしいチーズを食べたいときに盛り合わせを頼むのといっしょ。

リスクとリターン

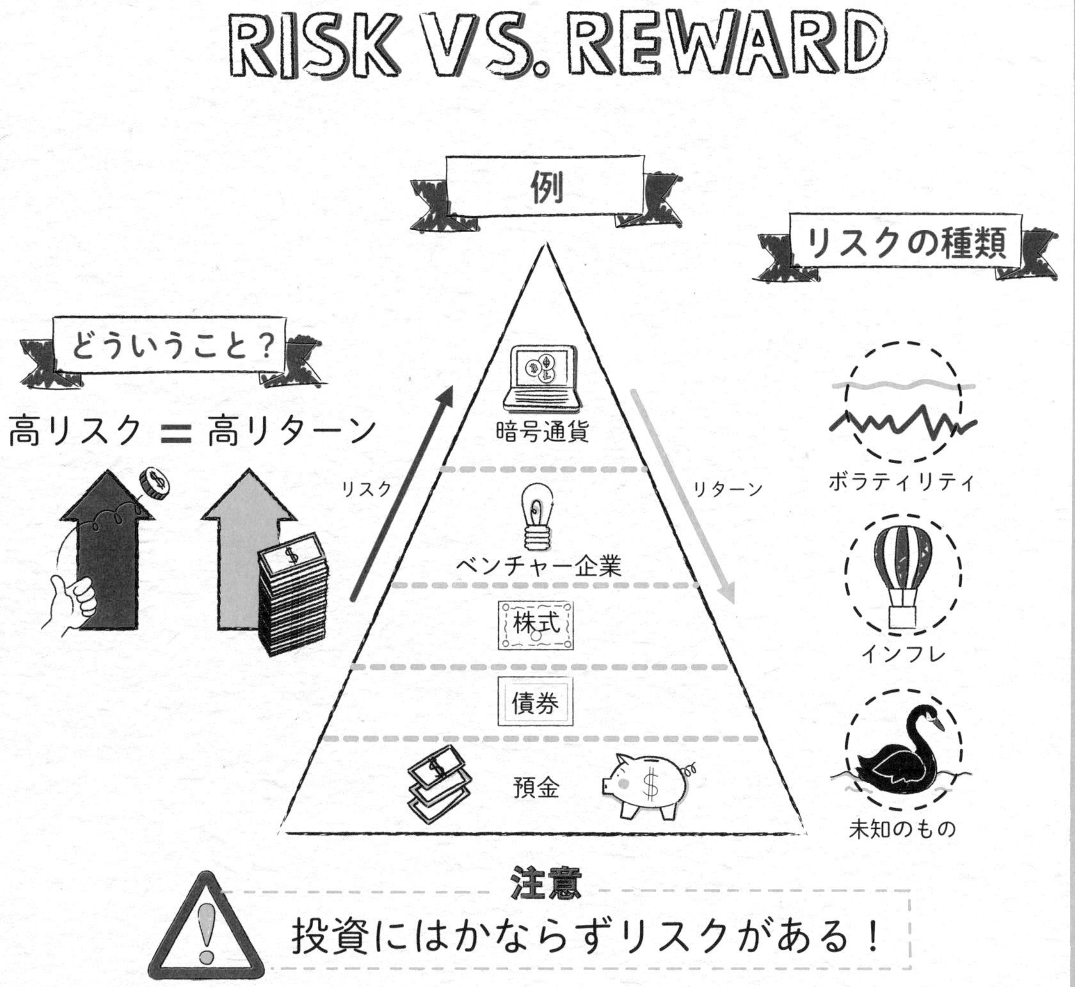
RISK VS. REWARD
例
リスクの種類
どういうこと？
高リスク＝高リターン
暗号通貨
リスク
リターン
ベンチャー企業
株式
債券
預金
ボラティリティ
インフレ
未知のもの
注意
投資にはかならずリスクがある！

投資にリスクはつきもの。投資の世界では、リスクとリターンはセットである。つまり、大きな利益が見込める投資は、大きな損を出す可能性も高いということ。安全な投資であれば、基本的には大きなリターンは望めない。

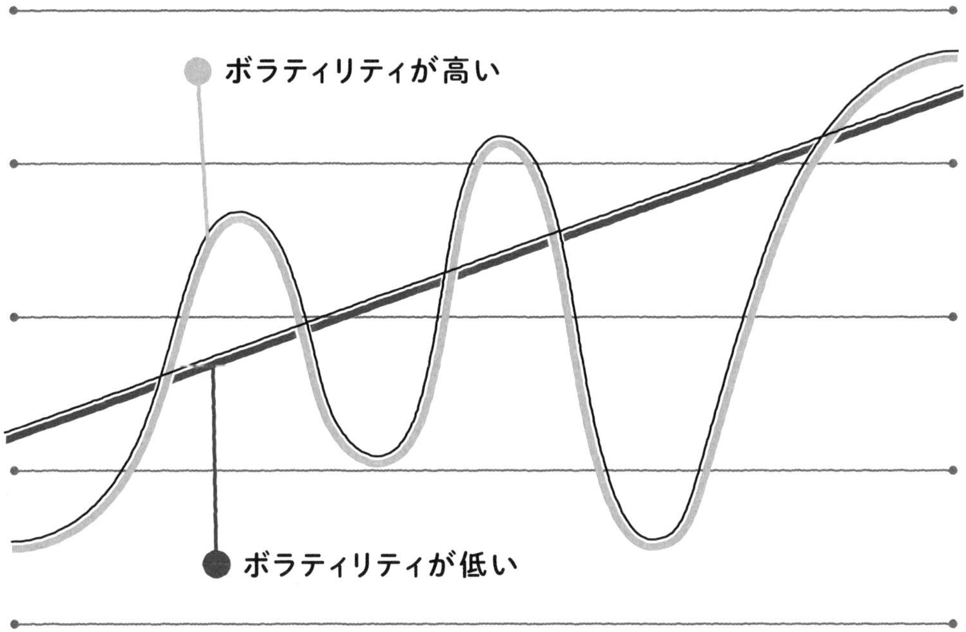

リスクとは？

投資家はリスクを考えるとき、その投資商品の価格がどのくらい変動するか考える。この変動性をボラティリティと言う。

ボラティリティではあらゆるタイプのリスクには対処できないという専門家もいる。たとえば、バーニー・マドフ（史上最大の巨額投資詐欺事件の犯人）と取引していた投資家の口座には、きわめて順当にリターンが入金されていた。さらに、言葉の定義を文字どおりに解釈すれば、一貫して一定の損を出し続ける投資は、「リスクが低い」ということになる。それでもボラティリティは、投資のリスクの高低を判断するうえでいちばん手っ取り早い指標だ。

リスク／リターンによる投資

リスクとリターンは切っても切れない関係にあるので、リスクと予想されるリターンにもとづいて投資をその種類ごとに評価することができる。

投資の種類	リスク	理由
暗号通貨	★★★★★	最終的にゼロになってしまう暗号通貨もあれば、一夜にして億万長者にしてくれるかもしれない暗号通貨もある。
スタートアップ企業	★★★★	大きく成功する会社もあれば、消えてなくなるところもあり、その中間あたりに落ちつくところもある。
株式	★★★	市場価格は上下し、ときには暴落するが、長い目で見れば、多くは確実なリターンをもたらしてくれる（年平均で約10%）。
債券	★★	債券の価格も上下するが、多くは株式ほど激しくない。長期的には年平均で5%ほどの利回りとなる。
預金	★	預金は25万ドルまで連邦政府が保証してくれるので、その額までなら損失の可能性はゼロ。しかし、年間0.1%程度のリターンしかない。

投資するときにリスクとリターンのバランスを取るのは、おそらくもっとも重要なことだろう。どのようにこのバランスを取るかは、次に解説する資産配分（アセットアロケーション）を参照してほしい。

おもしろ豆知識

- 一般に女性は、リスク／リターンに関係なく、男性よりも保守的に投資する傾向にあるが、運用成績は平均すると女性のほうが高い。おそらく取引の回数が少ないからだろう。
- 「アセットクラス」のところで、「夢見ることができれば、かならず投資の対象にできる」と紹介したのを思い出してほしい。ボラティリティそのものを投資対象にすることだってできる。その場合、市場が乱高下しているときに儲けて、動きがないときには損をすることになる。

ここがポイント

- 投資にリスクはつきもの。
- 一般的に、見込めるリターンが大きくなればなるほど、リスクは高くなる。
- 多くの投資家はリスクを価格の変動幅でとらえるが、それではとらえられないリスクもある。

リスクに見合ったリターンが得られるかは、投資するときにはよく考えなければならない。移動販売車でランチを買うときもそう。

資産配分（アセットアロケーション）

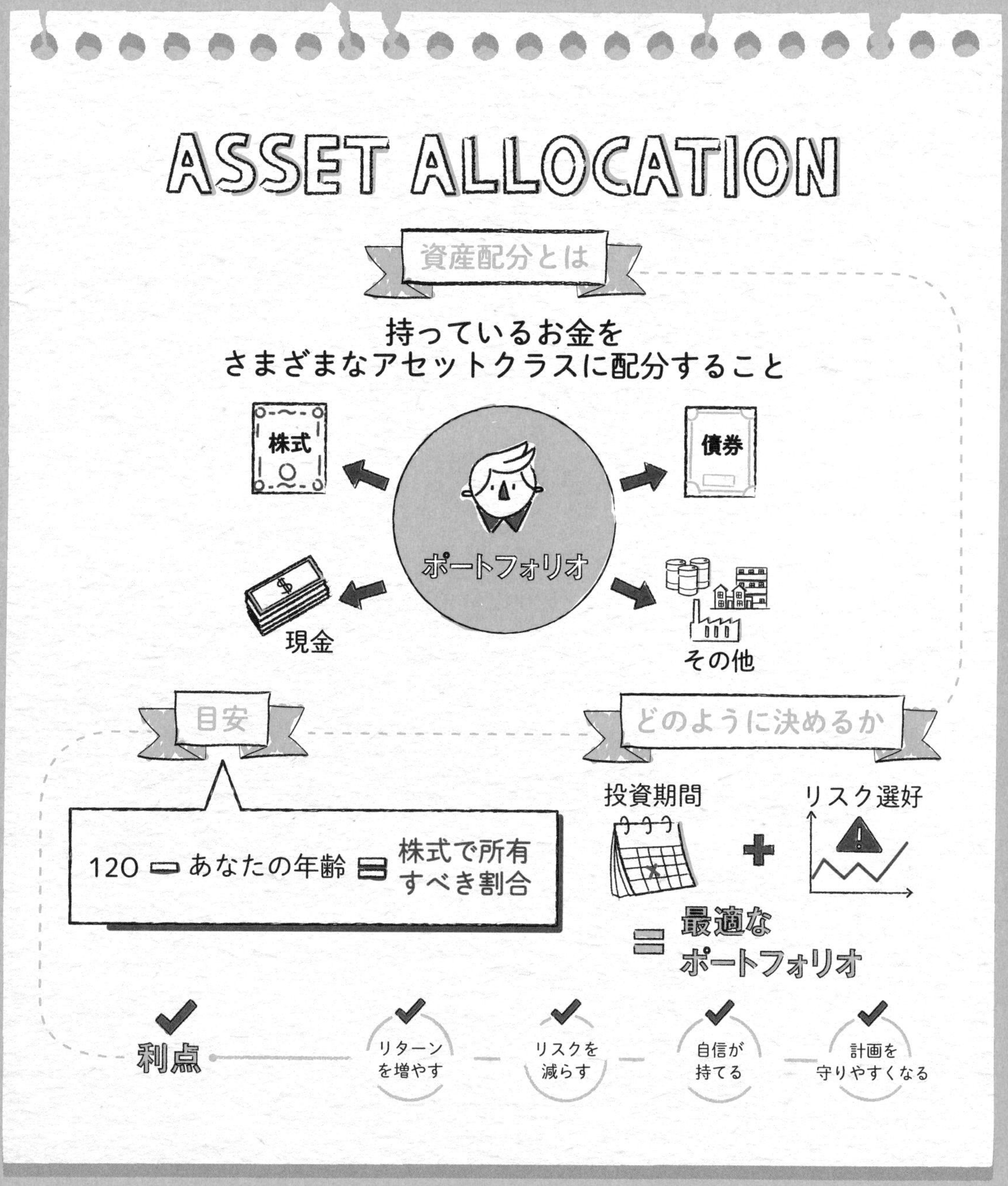

ASSET ALLOCATION
資産配分とは
持っているお金を
さまざまなアセットクラスに配分すること
株式
債券
ポートフォリオ
現金
その他
目安
120 − あなたの年齢 ＝ 株式で所有すべき割合
どのように決めるか
投資期間
リスク選好
＋
＝ 最適なポートフォリオ
利点
リターンを増やす
リスクを減らす
自信が持てる
計画を守りやすくなる

資産配分（アセットアロケーション）とは、所有資産の内容を割合で表現したもの。たとえば、あなたが1,000ドル持っていて、それをすべて当座預金に入れたとしたら、現金に100%配分したことになる。1万ドルの資産があり、その半分を靴につぎこんだとしたら、50%を靴に配分したことになる（100%だったら、うっとり眺めてしまいそう）。

ただし、人々が資産配分の話をするとき、ほとんどの場合、話題にしているのは靴ではなく投資勘定だ。適切な資産配分をするというのは、適切なリスクを負うということでもある。

資産配分のメリット

適切な資産配分をするメリットは次のとおり。

- **リターンを増やす。**
- **ポートフォリオのリスクを減らす。**
- **自分の戦略に自信が持てる。**
- **リターンを生み出す投資計画を遵守しやすくなる。**

自分の資産配分を決める

資産配分を決めるときには「投資期間」と「リスク選好」について考えなければならない。

- **投資期間**

売却するまでに必要な時間が長くなれば長くなるほど、取れるリスクは大きくなる。市場が落ちこんでも、あなたが投資した資産の価値が元にもどるまで待てるからだ。

- **リスク選好**

もしあなたが自分の投資資産の価格の変動を見て恐怖を感じるなら、リスクの高い投資には向かないだろう。価格の変動を見て耐えられるなら、高いリスクを取れる。

資産配分の例

自分が取れるリスクがわかれば、適切な資産配分ができる。

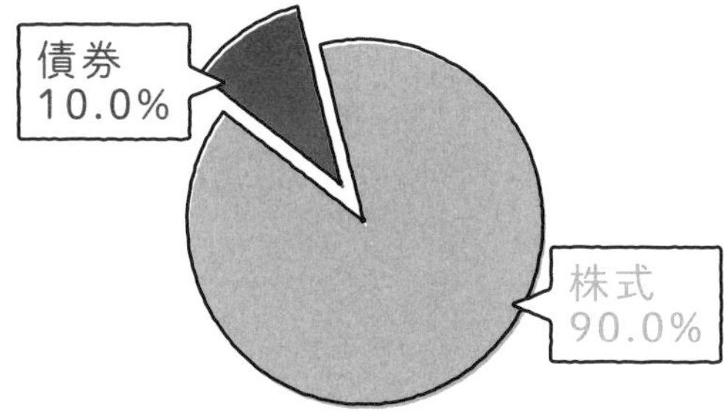

攻めのポートフォリオ

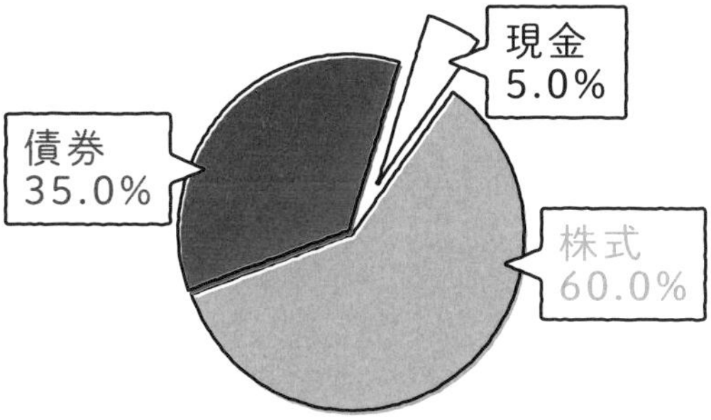

中間のポートフォリオ

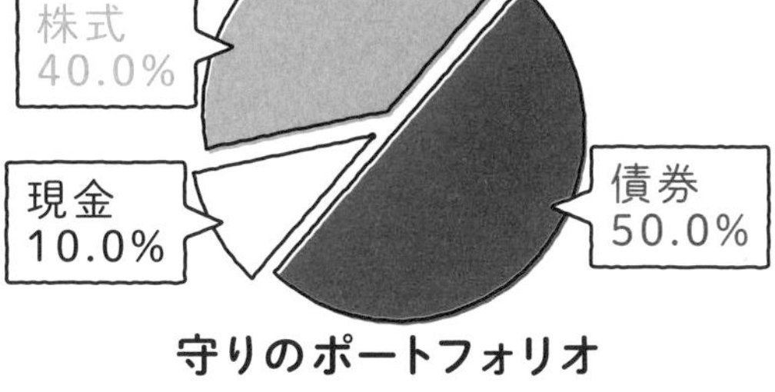

守りのポートフォリオ

おもしろ豆知識

- ウォーレン・バフェットはシンプルな資産配分を好む。資産の90%をS&P500インデックスファンド、10%を長期国債に投資しておけば、高収入の資金運用マネジャーに勝てると言っている。
- 資産配分を決めるときにおおまかな目安がほしかったら、120からあなたの年齢を引いてみよう。その数字が株式で持つ割合となる。残りは債券で持とう。

ここがポイント

- 資産配分とはあなたの投資資産の内容を割合で示したもの。
- 適切な資産配分を行なえば、リターンを増やせるし、自分の投資に自信が持てるようになる。
- 適切な資産配分を行なうには、適切なリスクを選ぶことだ。そのためには自分の投資期間とリスク選好を考慮しなければならない。

セルフケアに有効なもの――瞑想、エステ、そしてアセットアロケーション。

ロボアドバイザー

ROBO-ADVISOR
コンピューターによる投資

ロボアドバイザーとは

コンピューターのプログラムを利用して資産を管理する

利用方法

- ステップ1 質問に答える
- ステップ2 ロボアドバイザーがポートフォリオを組む
- ステップ3 コンピューターが管理してくれる

ロボアドバイザー VS. 人間のアドバイザー

ロボアドバイザー	人間のアドバイザー
公平・中立	カスタマイズ可能
安い手数料	適度な手数料
節税効果	精神的なサポート

ロボアドバイザーとは、人間の代わりにコンピューターのプログラムを使って資産を管理する資産運用会社のこと。

ロボアドバイザーを生み出したのは、ベターメントやウェルスフロントといったスタートアップ企業だった。しかし、急成長したので、いまではチャールズ・シュワブやフィデリティ、バンガードといった大手金融機関が参入している。

利用方法と特徴

ステップ1 ロボアドバイザー会社にオンラインで口座をつくり、資金を預ける。

ステップ2 投資目標、投資期間、許容できるリスクについての簡単な質問に答える。

ステップ3 あなたの答えにもとづいてロボアドバイザーがポートフォリオを組む。投資戦略やポートフォリオは、事前にいくつかのパターンが用意されている。

ステップ4 ロボアドバイザーはあなたの資金をポートフォリオにしたがって投資する。

ステップ5 ロボアドバイザーはポートフォリオを管理する。市場の動きやあなたが選んだ戦略、あるいはあなたのリスク特性の変化に応じて取引を行なう。

従来の人間のアドバイザーとロボアドバイザーには、いくつか大きな違いがある。

	ロボアドバイザー	人間のアドバイザー
手数料	基本的に安い（例：年0.25%）。	普通〜高い（例：年1%）。
アドバイスの質	客観的で公平。	主観的で顧客に合わせてくれる。
投資商品の選択肢	扱う商品にかぎりはあるが、手堅い商品が多い傾向。	扱う商品の種類や品質はアドバイザー次第。
強み	投資から生じる利益にかかる税金を最小にする取引システムがある。	不安がある人にとっては、信頼して話ができる人がいるのはうれしいところ。
こういう人に最適	要望が少なく、投資に不安を感じない人。	要望がいろいろあって、頼れるアドバイザーがほしい人。

おもしろ豆知識

- ロボアドバイザーによって管理される資産は、2008年のゼロから、2012年に10億ドル、2017年に2,000億ドルとなり、2025年には16兆ドルになると見込まれている。
- ロボアドバイザーのなかには、ファイナンシャル・プランナーによる電話相談サービスをはじめたところがある（投資判断はコンピューターが行なう）。ミレニアル世代であっても、ときには生身の人間と話したいようだ。

ここがポイント

- ロボアドバイザーとは、コンピューターを使って資産を管理する資産運用会社である。
- ロボアドバイザーは、顧客のリスク特性に応じて選べるように、あらかじめいくつかのポートフォリオや戦略を用意している。
- 人間のアドバイザーにくらべて、ロボアドバイザーの手数料は安い。ただし、精神的なサポートという面では人間に劣る。

投資アドバイスをもらうためにわざわざ服を着たくない人にとっては、ロボアドバイザーは超便利。

おさらいクイズ

1 投資とは？

a 基本的にはギャンブルと同じ。ただし社会的にはもう少し受け入れられている。
b 上位1％の富裕層に入るための確実な方法。
c 瓶に1ドル札を2枚入れて、ドルの子どもが生まれるのを祈ること。
d 経済成長を個人レベルで共有する方法。

2 銀行預金は大きく成長するので、長期投資に最適だ。これって正しい？

正しい　　　まちがい

3 主なアセットクラスは？

a 株式、ファンド、出資金、債券。
b 株式、債券、現金、オルタナティブ。
c マットレスの下に置いた現金、古い靴下に入れたコイン、裏庭に埋めた金（きん）の延べ棒。
d クロエ、キム、コートニー、ケンダル、カイリー。

4 株式（ストック）とは？

a 企業の所有権を分割したもの。
b 株券の隠し場所。
c スープのもと。
d 非課税で投資を保有できる口座の種類。

5 オルタナティブ投資に含まれないものは？

a ヘッジファンド
b 宝石
c 株式
d ニルヴァーナのコレクション

6 分散投資とは?

a 最大の収益を上げるために、取引できる日は一日中、売買する戦略。
b さまざまな種類の投資商品に分けて投資する戦略。
c 投資にかかる税金を最小にする戦略。
d ドラマ『フレンズ』に欠けているもの。

7 分散投資をすれば、ポートフォリオのリスクを減らし、利益をならすことができる。これって正しい?

正しい　まちがい

8 分散する方法として適当とは言えないのは?

a さまざまな国に投資する。
b さまざまな産業に投資する。
c 小さな会社と大きな会社に投資する。
d 社名の頭文字が重ならない会社に投資する。

9 リターンが大きい投資のほうが一般にリスクは低い。これって正しい?

正しい　まちがい

10 投資商品のリスクを考えるときには、価格の変動を見ることが多い。この変動をなんと呼ぶか。

a モーティリティ
b ハイパーモビリティ
c ボラティリティ
d ファティリティ

11 リスクの高い投資商品は?

a 定期預金
b 暗号通貨
c 債券
d 優先株式

12 安全な投資商品は?

a ヴィンテージカー
b ジャンク債
c リゾート会員権
d 銀行預金

13 資産配分（アセットアロケーション）が示しているのは?

a 割合で表した所有資産の種類。
b 国内投資と国外投資。
c あなたの資産を保管した場所。
d 新しい美容整形。

14 適切な資産配分の決め手は?

a 所有金額と運の良し悪し。
b 実際年齢から精神年齢を引いた数。
c 投資期間とリスク選好。
d インスタグラムのフォロワー数。

15 自分の年齢から、資産配分の目安がわかる。これって正しい?

正しい　　まちがい

16 ロボアドバイザーとは？

a　上がる株式を見つけるアルゴリズム。
b　コンピューターを利用して顧客の投資を管理する会社。
c　アプリのなかで着せ替えができるデジタルペット。
d　500万年前に地球に入植したロボットの宇宙人。

17 ロボアドバイザーの利点として適当とは言えないのは？

a　安い手数料。
b　公平なアドバイス。
c　税金の最小化。
d　投資の幅広い選択肢。

18 人間のアドバイザーがロボアドバイザーに勝る点は？

a　監督機関による保護が手厚い。
b　投資がうまくいかないときに相談できる。
c　手数料が安い。
d　より良い投資実績がある。

[1] d　[2] まちがい　[3] b　[4] a　[5] c　[6] b　[7] 正しい　[8] d
[9] まちがい　[10] c　[11] b　[12] d　[13] a　[14] c　[15] 正しい　[16] b
[17] d　[18] b

第 4 章

老後を考える

PAYING FOR RETIREMENT

なぜ必要なのか

老後はお金がかかる

住居費　医療費　食費　税金　レジャー費

でも、計画すれば大丈夫

どうやって？

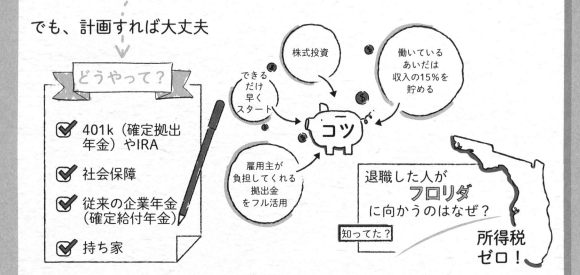

- 401k（確定拠出年金）やIRA
- 社会保障
- 従来の企業年金（確定給付年金）
- 持ち家

コツ

- 株式投資
- 働いているあいだは収入の15%を貯める
- できるだけ早くスタート
- 雇用主が負担してくれる拠出金をフル活用

退職した人が**フロリダ**に向かうのはなぜ？

知ってた？

所得税ゼロ！

老後と言われても、まだ先の話でピンとこないかもしれない（もう十分に財産があるか、401kでばっちり対策済みという強者は除く）。でも、老後はお金がかかる。70代になってビーチでカクテルを楽しむ生活がしたかったら、いますぐ貯蓄をはじめよう。

「老後とはラスベガスですごす長期休暇のようなもの。最後まで思いっきり楽しみたくても、すっからかんになったら楽しめない」
——ジョナサン・クレメンツ（作家）

老後の生活資金

退職後の収入と資産には次のようなものがある。

投資と預金 退職口座を含む。

従来の企業年金 もし勤務先にあれば。

社会保障 政府によるもの。

持ち家 もし所有していれば。

老後に向けてできること

社会保障税の支払いは働いていれば自動的に発生する。従来の企業年金制度があるかどうかは勤務先によって異なる。残念ながら、勤務先にないからといって自分でつくることはできない。

老後に備えるときにいちばん大切なのは貯蓄をすること。特にお金を有利に増やせる、税制面で優遇される制度を利用するといい。主な制度には次のようなものがある。

401k（確定拠出年金） 多くの企業で採用されている制度で、課税が繰り延べられる（雇用主が非営利団体や公立学校の場合、403kとなる）。

個人退職口座（IRA） 金融機関に自分で口座を開く。課税は繰り延べられる。

ロス401k、ロスIRA 401kとIRAと似ているが、拠出時に課税され、退職後に引き出すときには課税されない。

老後のための貯蓄計画

老後のための貯蓄には計画と努力が必要。多くの専門家が次のようなことをすすめている。

- **できるだけ早くスタートする。就職先に年金制度があればはじめよう（もしくは自分でIRA口座を開こう）。**
- **働いているうちは毎年、年収の15%を目標に貯めよう。**
- **若いときは株式に比重を置いた投資をする。長い時間をかければ、大きく成長する可能性が高い。**
- **401kなどの制度を利用するときには、企業が負担してくれる拠出額を上限まで活用する。**

おもしろ豆知識

- **退職した人はなぜフロリダが好きなのか。それは太陽とビーチだけのせいじゃない。所得税のない7州の1つだから。**
- **もっとも早く引退できる国はアラブ首長国連邦で、49歳になれば年金や退職給付を受けられる（ただし、外国人労働者は65歳まで待たなくてはならない）。**

ここがポイント

- 老後はお金がかかる。だから若いうちから貯蓄をはじめなければならない。
- 税制上の優遇がある制度（401kやIRA）は、老後の資金を貯めるのに最適。
- 収入の15%を貯蓄し、若いうちは株式に比重を置いた投資をするのがコツ。

老後とはスフレをつくるようなもの。あらかじめ計画を立てなきゃ。

IRAと401k

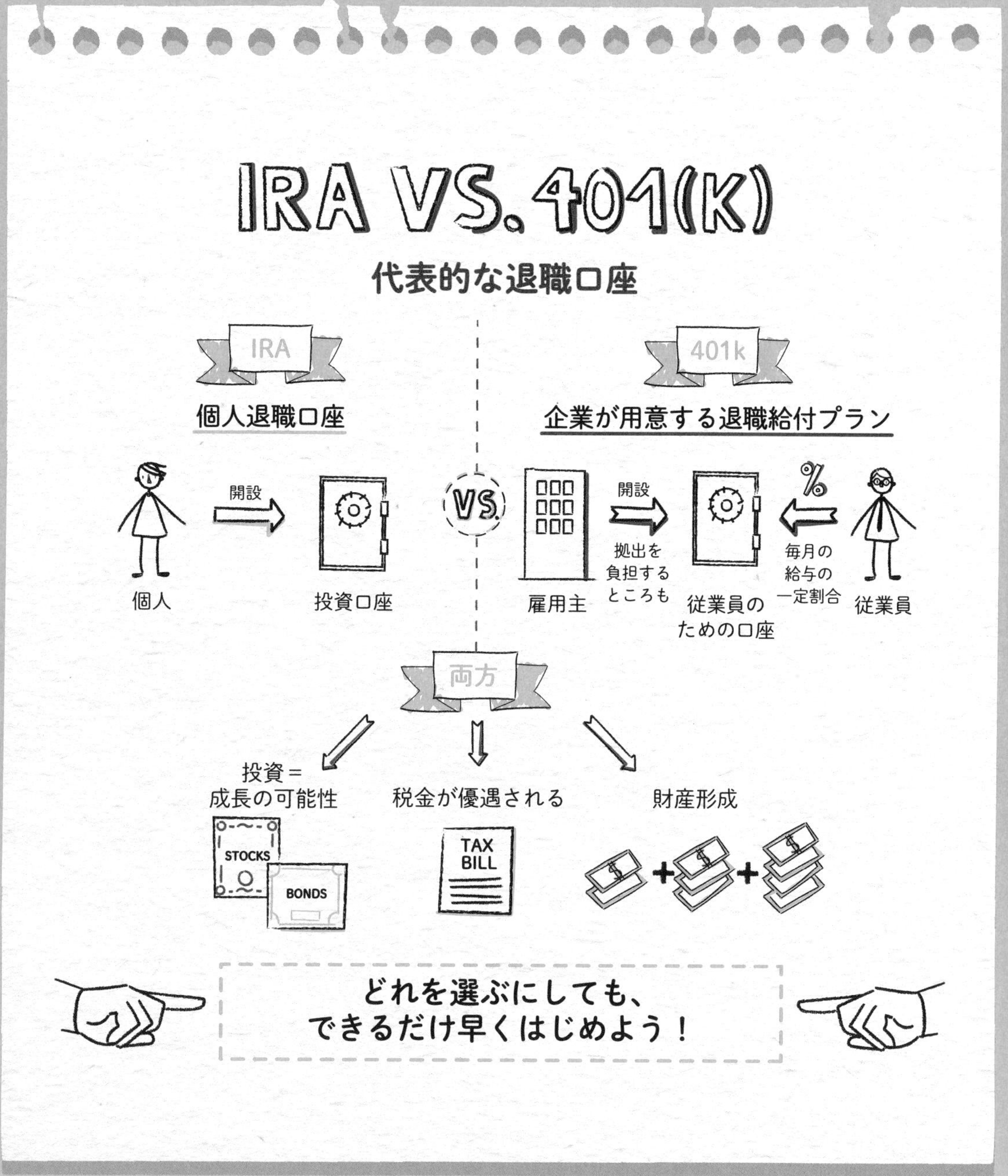
IRA VS. 401(K)
代表的な退職口座
IRA
個人退職口座
開設
個人
投資口座
VS.
401k
企業が用意する退職給付プラン
開設
拠出を
負担する
ところも
雇用主
従業員の
ための口座
%
毎月の
給与の
一定割合
従業員
両方
投資＝
成長の可能性
STOCKS
BONDS
税金が優遇される
TAX
BILL
財産形成
どれを選ぶにしても、
できるだけ早くはじめよう！

IRAと401kは老後の資産形成のための制度※として代表的なものだ。民間企業で働く人なら、少なくとも1つは口座を持っているだろう（公務員には別の選択肢がある）。複数の口座を持っている人も多い。

IRAと401kの違い

どちらも目的は同じだが、大きな違いがいくつかある。

	IRA	401k
口座の開きかた	金融機関に口座を開き、入金する。	企業が口座を用意し、従業員は人事部を通して申し込む。
拠出のしかた	自分で口座に入金する。	給与から天引きされる。
引き出し可能になる時期	59.5歳。ただし例外あり（経済的な困難が生じたときなど）。	同左
特典	投資の選択肢が多い。 簡単に口座を統合したり、別の金融機関に移したりできる。	多くの企業が一定額まで拠出を負担してくれる。

IRAと401kのメリット

どちらの制度もメリットがある。

成長の可能性 IRAも401kも、利用者が選べるようにさまざまな投資商品を用意しているので、拠出金は時間とともに増える。

税制面の優遇 どちらも口座にあるうちは、利益が出ても税金を払う必要はない。

財産形成 どちらの制度でも、定期的に拠出し、増やしていくことで、老後の目標に到達できる。

おもしろ豆知識

- 「FIREムーブメント」とは何か？　みんなで集まってたき火をする会ではない。ミレニアル世代のあいだで見られる、Financial Independence, Retire Early（経済的自立と早期退職）を目指す生き方のこと。彼らは早期退職をするために積極的に貯金をする。
- 401kの平均残高は10万ドルちょっとだが、401k億万長者になることは可能だ。7桁の残高を持つ人はいる。#目指せ金持ち老後

ここがポイント

- IRAと401kは退職後の資産形成のための代表的な制度。
- 大きな違いは、401kは雇用主が口座を用意するが、IRAは自分で口座を開設するということ。
- どちらか、あるいは両方を活用すれば、老後の資産形成に大いに役立つ。

IRAと401kで財産をつくれば、お孫さんたちがよく来てくれるようになるでしょう。

※日本にも確定拠出年金制度があり、日本版401kと呼ばれている。企業が用意する企業型と個人で加入する個人型がある。

社会保障

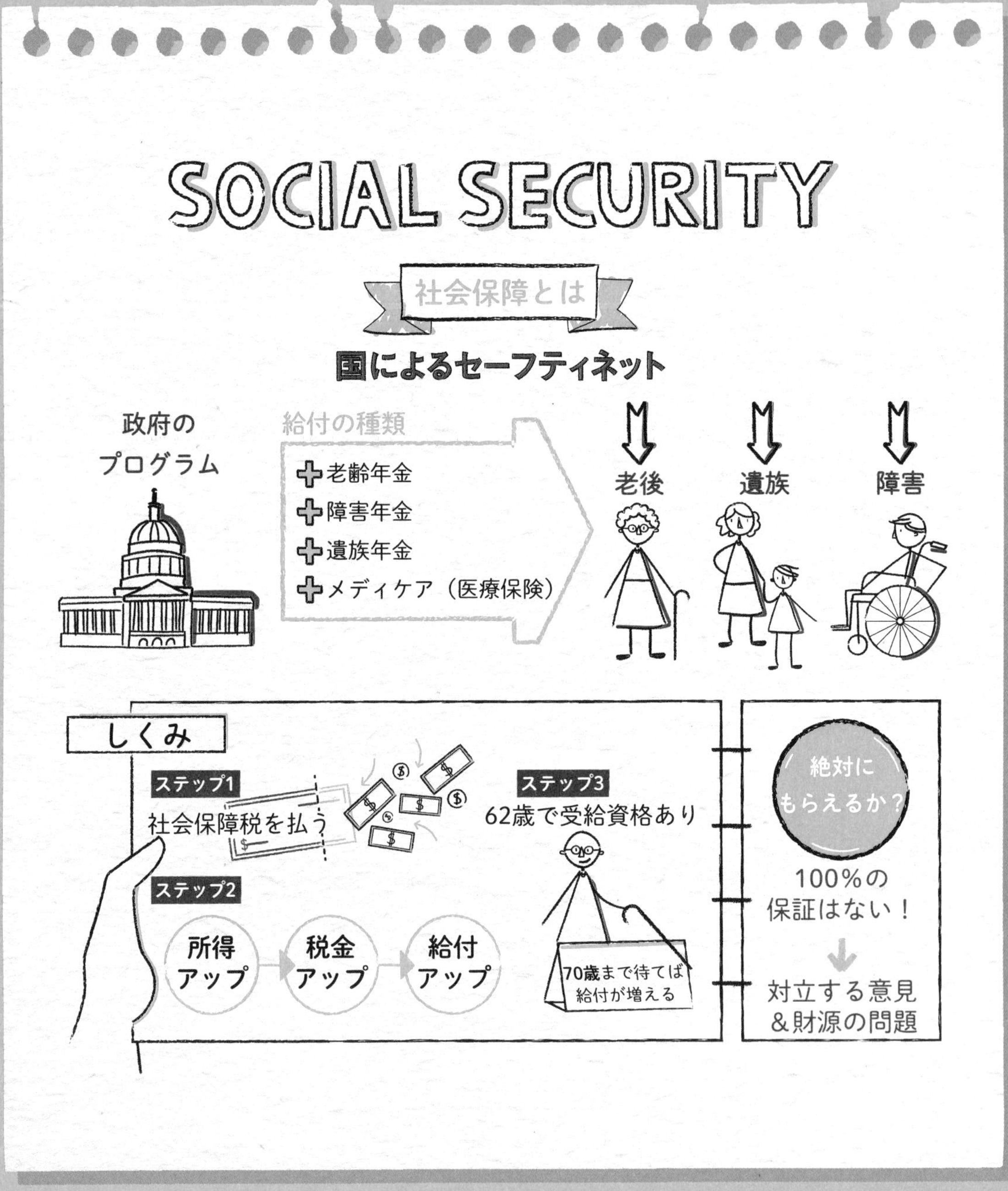

SOCIAL SECURITY
社会保障とは
国によるセーフティネット
政府の
プログラム
給付の種類
老齢年金
障害年金
遺族年金
メディケア（医療保険）
老後
遺族
障害
しくみ
ステップ1
社会保障税を払う
ステップ2
所得アップ
税金アップ
給付アップ
ステップ3
62歳で受給資格あり
70歳まで待てば
給付が増える
絶対に
もらえるか？
100%の
保証はない！
対立する意見
&財源の問題

社会保障とは、障害を負ったり、定年したりしたときなど、一定の要件を満たした人にお金を支給する政府のプログラムである。国によるセーフティネットと言える。

受給資格を得るために

ステップ1 働いているあいだは社会保障税を支払う。会社勤めだったら、FICA税（連邦保険拠出法にもとづく税金）として、かなりの金額が給与から天引きされる（多くの人は約8%、所得が高くなればもっと払う）。これが社会保障とメディケア（医療保険）への拠出となる。

ステップ2 所得が高くなればなるほど、支払う金額も上がり、将来の給付も多くなる。

ステップ3 62歳になったら受給資格が得られる。ただし、70歳まで待てば、毎月の受給額が増えるので、それまで待つという選択肢もある。受給を開始した場合、生きているあいだは毎月政府から小切手を受け取る。

社会保障の種類

給付のなかでもっともよく知られているのは退職後に受給する年金だろう。それ以外にも次のような保障がある。

障害年金 障害を負ったときに受け取れる。

遺族年金 一家の稼ぎ手が亡くなったとき、その配偶者や子どもが受け取れる。

医療保険 FICA税はメディケア（政府が提供する老齢者のための医療保険）にもあてられる。

社会保障をめぐる議論

社会保障は、もらえればうれしいプラスアルファととらえよう。それがあれば、世界各国を旅する優雅な生活が待っていると思ってはいけない。制度をめぐっては政治的な議論がある。リベラル派は社会保障によるセーフティネットの充実を目指し、保守派は給付を減らして税金も下げようとしている。しかも、つねに財源の問題がある。引退したときに100%もらえるとはかぎらない。

おもしろ豆知識

- **いまあなたが払っている社会保障税は、いまどこかで引退生活を送っている人に支給される年金にあてられる（つまり、あなたが将来もらう年金は、次の世代が負担するということ）。だから、『侍女の物語』で描かれたような出生率が低下した世界がこの先に待っているとしたら、給付は望めない。**
- **刑務所に入ったら社会保障は受けられない。**
- **オランダの年金制度は、おそらく世界一だろう。ほぼすべての労働者が対象となり、退職後は働いていたときの年収のおよそ70%が支給される。**

ここがポイント

- 社会保障とは、政府によるセーフティネットであり、老齢者、障害者、遺族に給付される。
- 老後に社会保障を受けるには、働いているときに社会保障税を払わなければならない。
- 社会保障は老後の収入の足しにはなるが、唯一の収入源にしてはいけない。

良い子のみんな、あわてないで。年金は62歳になってから。

相続計画（エステートプランニング）

ESTATE PLANNING

相続計画とは

亡くなったあとに遺産をどうするか決める

方法

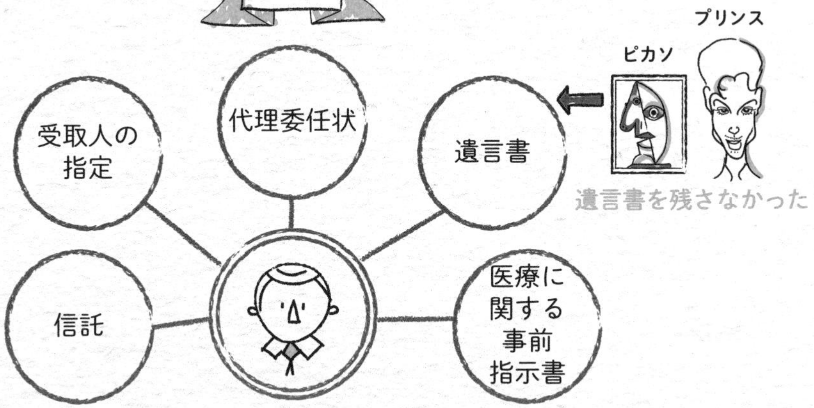

なぜ重要なのか

相続計画（エステートプランニング）とは、自分が亡くなったあとに自分の資産をどうするかを明らかにすること。遺産に対する計画をつくり、法的に有効な形式（裁判所が効力を持つものとして認める形式）で書き残すようにする。

なぜ重要なのか

なぜ相続計画を立てることが重要なのかと言えば、次のような理由がある。

> 「私は昔ながらの方法で財を築いた。亡くなる直前の裕福な身内にやさしくしたのさ」
> ――マルコム・フォーブス
> （雑誌『フォーブス』の発行者）

- **あなたに何かがあっても、家族が困らないようにする。**
- **遺族にできるだけ早く財産を移せる。裁判で争う事態は避けたい。**
- **税金を減らす。もしあなたが裕福であれば、有効な相続対策があるだろう。**
- **無能力になったときに備える。一般的に相続計画には、自分で判断できなくなったときにどうしたいかという希望も明記される。**
- **親友に貴重な品を渡したいと思うかもしれないし、元配偶者には渡したくないと思うかもしれない。いずれも相続計画を立てれば、自分の希望どおりにできる。**

相続計画の内容

基本的にはさまざまな文書からなる。たとえば、次のようなものがある。

遺言書

誰が何を相続するか、誰が子どもの面倒を見るか明確にする（ペットのカメの世話をする人も）。

医療に関する事前指示書／代理委任状

自分で決断ができなくなったときにあなたに代わって決断する人を指名する。

信託

裕福である場合、あるいは複雑な状況にある場合、信託を活用する方法もある。

受取人の指定

金融機関のなかには、亡くなったときに口座を引きつぐ人を明記させるところもある（これは遺言書より優先されるため重要）。

相続計画が必要な人

相続計画は金持ちだけのためのものではない。もしあなたに子どもがいて、遺言書がないままあなたが死んだとしたら、子どもの面倒を見る人は裁判所が決めることになるかもしれない。パートナーがいても籍を入れていなければ、あなたに何かあったとき、相手は路頭に迷うかもしれない。

> 「死は終わりではない。遺産をめぐる裁判が待っている」
>
> ――アンブローズ・ビアス（作家）

おもしろ豆知識

- **プリンスも、パブロ・ピカソも、エイブラハム・リンカーンも遺言書を残さずに亡くなった。リンカーンは弁護士だったにもかかわらず**（しかも大統領だったのに）。
- **ジミ・ヘンドリックスは1970年に亡くなったが、遺言書を残さなかったために、親族は遺産をめぐって最近まで争っていた。**

ここがポイント

- 相続計画を立てるということは、自分の遺産をどうするかを決めて文書に残すこと。
- 相続計画は、扶養家族がいる人にとってはきわめて重要だが、亡くなったあとに自分の希望どおりにしてもらいたいと思う人にとっても有用である。

七面鳥は感謝祭の前に相続計画を立てたほうがいいね。

おさらいクイズ

1 老後に向けた貯蓄はいつはじめればいい？

a　運転免許証を取ったらすぐに。
b　野外音楽フェスに参加するのはこれが最後と決めてから。
c　50歳になったとき。
d　就職したときに、勤め先の退職貯蓄制度を活用して。

2 老後の収入源に含めたほうがいいのは？

a　ビットコインの配当。
b　ソーシャルメディアにおけるインフルエンサーとしての収入。
c　社会保障と投資口座。
d　リバース・モーゲージ。

3 老後をより快適にすごすためにすべきことは？

a　仕事をしているあいだにできるだけ貯蓄する。
b　債券や銀行預金といった安全な投資で老後の資金を貯める。
c　金持ちの親戚のご機嫌を取る。
d　リクライニング・チェアを買う。

4 老後のための貯蓄としてどのくらいの割合を貯蓄にまわすと良いか。

a　手取りの10%。
b　投資収益の20%。
c　収入の15%。
d　飲み物に使っている金額の30%。

5 主な退職口座を2つあげよ。

a IRAとAIR。
b IRAと401k。
c 保証された口座と保証されない口座。
d 奨励金がもらえる口座ともらえない口座。

6 401kに拠出するのは誰？

a あなたとあなたの雇用主。
b あなたと連邦政府。
c あなたの両親とあなたの義両親。
d 10キロマラソンを4回完走した人なら誰でもOK。

7 401kとIRAのメリットとして適当なのは？

a 旅行するときにTSA（運輸保安局）の事前審査プログラムが利用できる。
b 誕生日にマッサージしてくれる。
c いつでも引き出せる。
d 税制面での優遇と、成長が見込めること。

8 401k口座は自分で開設できる。これって正しい？

正しい　　まちがい

9 社会保障（ソーシャル・セキュリティ）とは？

a リーアム・ニーソン主演の映画。
b リッチな老後を保証してくれるもの。
c 高齢者や障害者に対する国のセーフティネット。
d フランクリン・D・ルーズベルト大統領の飼い猫の名前。

10 FICAとは?

a 木の種類。
b 信用情報機関。
c 毎回、あなたの給与の一部を持っていく男。
d 社会保障にあてられる連邦税。

11 所得が高くなればなるほど、社会保障の給付も増える。これって正しい?

正しい　　まちがい

12 社会保障の給付を請求できるのはいつ?

a 62歳になったら。ただし、70歳まで待てば給付を増やすことができる。
b 5年以上保険料を支払ったらいつでも。
c 退職したらいつでも。年齢は関係ない。
d 結腸内視鏡検査を3回経験したら。

13 相続計画を立てたほうがいい人は?

a 裕福な高齢者。
b 誰でも。
c 誰もいない。科学の進化によりもうすぐ人間は死ななくなるから。
d バットマン。

14 相続計画のメリットとして適当とは言えないのは?

a 節税できる。
b 家族や友人に対する自分の想いを確認し、財産を与える人と与えない人を分けることができる。
c 財産を増やすことができる。
d 自分に何かあったときに、子どもやほかの扶養家族の生活を守ることができる。

15 相続計画に含まれるものは？

a　残りの社会保障税の支払い。
b　家族に対する不満の詳細。
c　インターネットの検索履歴。
d　遺言、受取人の指定。

[1] d　[2] c　[3] a　[4] c　[5] b　[6] a　[7] d　[8] まちがい　[9] c
[10] d　[11] 正しい　[12] a　[13] b　[14] c　[15] d

第 5 章

株式市場に乗りこむ

株式

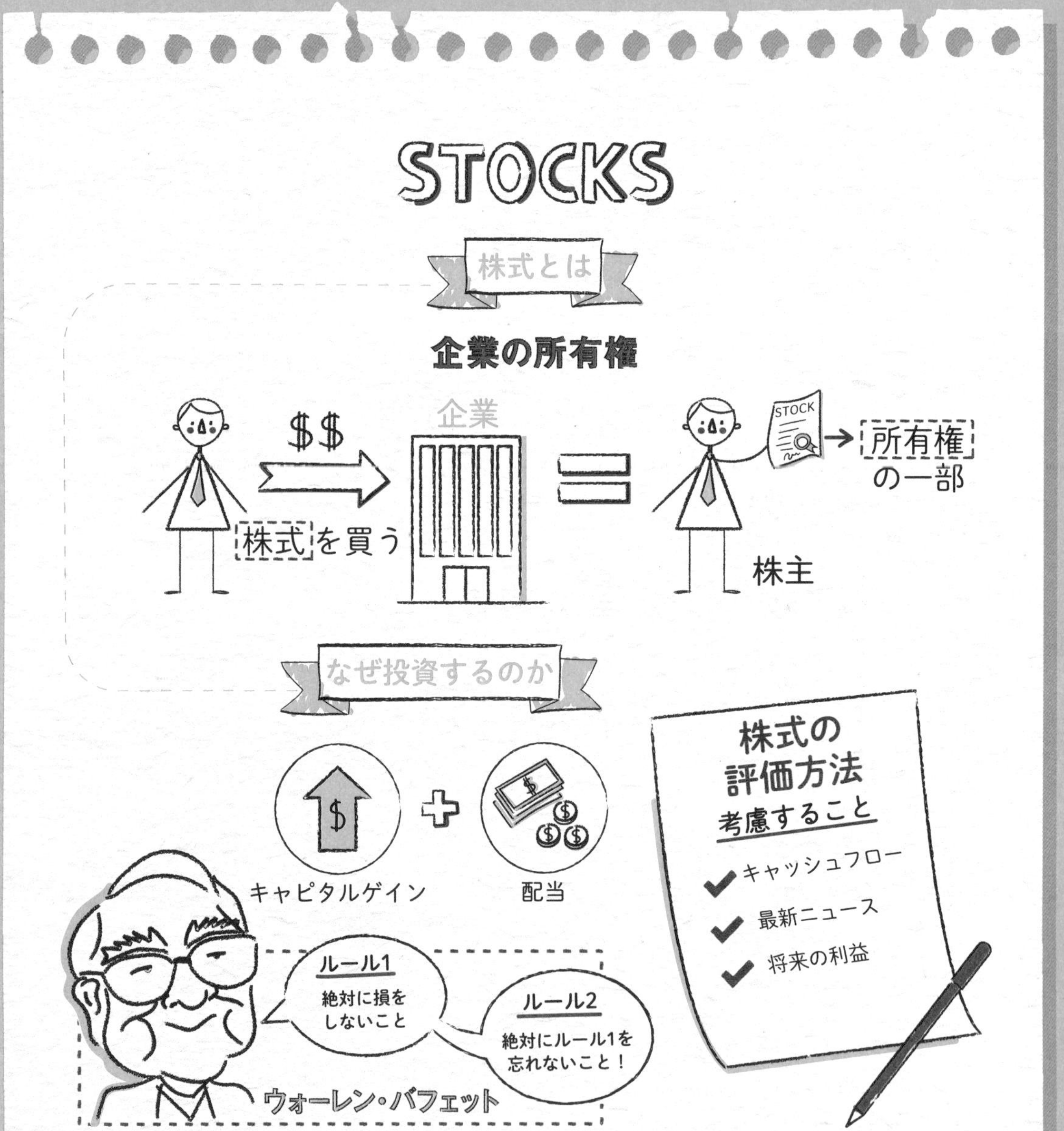
STOCKS
株式とは
企業の所有権
$$
企業
株式を買う
所有権の一部
STOCK
株主
なぜ投資するのか
キャピタルゲイン
配当
ルール1
絶対に損をしないこと
ルール2
絶対にルール1を忘れないこと！
ウォーレン・バフェット
株式の評価方法
考慮すること
キャッシュフロー
最新ニュース
将来の利益

株式については第3章で見た。株式とは企業の所有権を細かく分けたものである。たとえば、あなたがアマゾンの株式を1株買ったとしよう。アマゾンの発行済み株式数が100万株だとする。すると、あなたはアマゾンの100万分の1を所有していることになる（実際の発行済み株式数は約500万株）。

なぜ株式に投資するのか

なぜ株式に投資するのかと言えば、預金などの安全な投資よりもいいリターンを求めるから。株式からのリターンには主に次の2つがある。

キャピタルゲイン たとえば株価が100ドルのときに購入して、150ドルまで上がったときに売却した場合、50%の利益を得られる。

配当 企業のなかには、利益の一部を現金配当として株主に分配するところもある。100ドルで株式を購入して、2ドルの配当を年に4回受けたら、1年で8%の利益を得たことになる。

なぜ株価は変動するのか

株式市場とは、終わりのない巨大なオークションのようなものだと思えばいい。取引日には、たとえばアマゾンの株式（そのほかの上場企業の株式も。後述するIPOを参照のこと）に対して、売買を希望する投資家はそれぞれ買いたい値段、売りたい値段を提示する。

売り手と買い手の思惑がぶつかりあって株価は動く。もし、アマゾンの株は3,000ドルの価値があると思う投資家がいれば、おそらく2,000ドルで購入したいと思うだろう。一方で、1,500ドルの価値しかないと思う投資家がいれば、2,000ドルで売りたいと考えるはずだ。

株式の評価方法

投資家は株式の価値をどのように判断するのだろうか。株式の価値を算定する方法はいろいろあるが、もっとも一般的なのは、企業の将来の利益を見積もり、それに対してどこまで払うか決めるやり方だ。

もし、企業のマイナス情報がメディアに出た場合、投資家は将来の利益の見積もりを下げるだろう。その結果、株価は下がる。良いニュースが出てくれば、逆のことが起こる。

株式用語

株式に関して次の用語は知っておいたほうがいい。

配当	企業が株主に定期的に支払うもの（配当をしない会社もある。創業まもない会社は現金を配当せずに、事業の成長のために使う傾向がある）。
1株当たり利益	企業のある一定期間の総利益を株式数で割ったもの。1株の株主が権利を持つ計算上の利益（理論上の話であって、投資家が実際にこの金額を受け取るわけではない）。
株価	市場で取引されている価格。
ティッカーシンボル	その株式を表す短い文字列。アマゾンの株式を売買したければ、ティッカーシンボルのAMZNを探せばいい。

おもしろ豆知識

- 一筋縄ではいかないティッカーシンボルもある。ハーレーダビッドソン（Harley Davidson）はHOG、マットレスのシーリー（Sealy）はZZ、ハイネケン（Heineken）はHEINYだ。
- 「ファット・フィンガー・エラー」とは、トレーダーが入力するときに桁を増やして入力してしまうこと。ロンドン証券取引所で、リーマン・ブラザーズ証券のトレーダーが、300万ポンドの注文をまちがえて3億ポンドと入力したときには、一瞬にして300億ポンドが吹き飛んだ。

ここがポイント

- 株式とは企業の所有権を細かく分けたもの。
- 投資家は配当とキャピタルゲインによって株式から利益を得る。
- 株価は主に企業の将来の業績に対する投資家の期待によって動く。

証券会社に株のことで電話をしたときには、切るときに「バイバイ（bye-bye）!」と言わないように。「買って、買って（buy-buy）!」だと思われちゃうかも。

株式市場

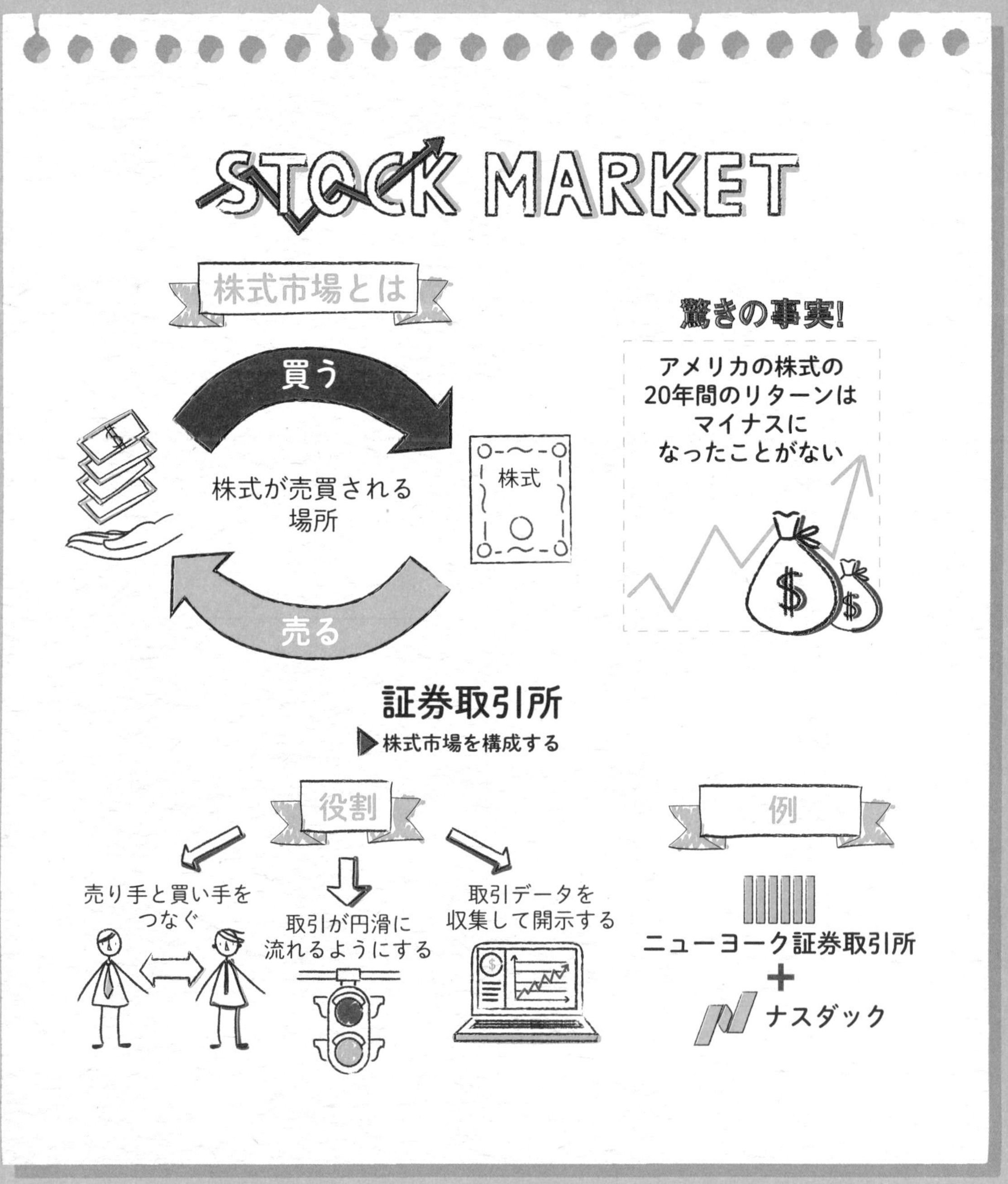
STOCK MARKET
株式市場とは
買う
株式が売買される
場所
株式
売る
驚きの事実!
アメリカの株式の
20年間のリターンは
マイナスに
なったことがない
$
$
証券取引所
▶株式市場を構成する
役割
売り手と買い手を
つなぐ
取引が円滑に
流れるようにする
取引データを
収集して開示する
$
例
ニューヨーク証券取引所
+
ナスダック

株式市場とは、売り手と買い手が集まって取引を行なう物理的市場と電子市場を総称したもの。世界の株取引のほとんどは、証券取引所を通して行なわれる（すべてではない）。株式市場が1つの巨大なオークションだとしたら、個々の証券取引所は個別のオークション会場のようなものだ。

証券取引所の役割

アメリカの主な証券取引所は次のとおり。

ニューヨーク証券取引所 物理的な取引フロアがあるが、電子取引も扱っている。
ナスダック すべて電子取引。

証券取引所には次のような役割がある。

- **売り手と買い手をつなぐ。**
- **取引が円滑に流れるようにする。**
- **投資家が市場の動きを把握できるように、取引データを収集して開示する。**

投資家は、取引所を相手に取引所に「上場」されている株式を取引する。しかし、ほとんどの個人投資家は、取引所と直接取引しない。代わりに、証券会社に口座をつくり、証券会社に手続きしてもらう。

株式市場を動かす要因

株式市場とは、1つひとつの株式の集合体である。投資家がある企業の業績アップやダウンを予想して、その株価が動くとき、市場全体もほんの少しだけ動く。

しかし、経済全体に大きな動きがあるときには、多くの株が一斉に上がったり、下がったりする。このような市場を動かす大局的な変化については、次のページの表を参照してほしい。

おもしろ豆知識

- ウォール・ストリートの名前は、17世紀、オランダ人の入植者がイギリス人の侵攻を予想してロウアー・マンハッタンに建設した壁（ウォール）に由来する。
- ウォール・ストリートが金融の中心となるのは、それから100年後のこと。地元の商人たちが、ウォール・ストリートにある有名なスズカケノキの下で署名した「すずかけ協定」が、ニューヨーク証券取引所のはじまりとなった。
- アメリカの株式は低迷する年もある（数年続くこともある）が、かならず盛りかえしてきた。S＆P500の20年間のリターンがマイナスになったことはない。

ここがポイント

- 証券取引所は、売り手と買い手をつなぎ、取引が円滑に流れるようにしている。
- 株式市場は個別の株式の集合体である。だから、個別の株が動けば、市場も動く。
- 経済成長、金利、税率、インフレーションは、株式市場全体の動きに影響する。

経済成長	高い経済成長＝企業の業績伸びる＝株価アップ 低い経済成長＝企業の業績伸びず＝株価ダウン
金利	高金利＝株価ダウン／低金利＝株価アップ
税率	法人税ダウン＝株価アップ／法人税アップ＝株価ダウン
インフレーション	インフレ（あるいはデフレ）が急激に進む＝不確実性アップ＝株価ダウン ゆるやかで安定的なインフレ＝不確実性ダウン＝株価アップ
他国の経済成長	高い経済成長＝輸出伸びる＝株価アップ 低い経済成長＝輸出伸びず＝株価ダウン
大きな事件	テロ事件や自然災害などの大きな事件＝不確実性アップ＝株価ダウン

大人の90%は株式市場についてわかってるふりをしている。

ブルマーケットとベアマーケット

BULL OR BEAR MARKET

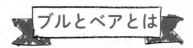

ブルとベアとは

株式市場の状況のこと

ブルマーケット

株価は上昇

- 経済：拡大
- 失業率：低下か安定
- 平均持続期間：9年

ベアマーケット

株価は下落

- 経済：縮小
- 失業率：上昇
- 平均持続期間：1年

強欲な投資家についてのウォール・ストリートの格言

✔ ブル（雄牛）は稼げる
✔ ベア（熊）は稼げる

➡ 欲張りな豚は屠られる！

ウォール・ストリートはロデオのようだが、本物のブル（雄牛）やベア（熊）はいない。どちらも株式市場の様子を示す専門用語だ。

ブルマーケット

ブルマーケットとは株価の上昇が続いている市場のこと。ブルマーケットは次のようなときに起こる。

- **経済が成長、拡大している。**
- **失業率が減少する、あるいは低い率で安定している。**
- **企業の業績が好調。**
- **インフレ率が安定している、あるいは上昇傾向にある。**

専門家が、市場や特定の株について「ブル」と表現するのを聞いたことがある人もいるだろう。そういうとき、その専門家は市場やその株が上昇すると考えている。

ベアマーケット

ベアマーケットとは株価が下落傾向にある市場のこと。具体的に言えば、主な株価指数が20%以上下落している時期を指す（20%に満たないときには「調整局面」と呼ばれ、ベアマーケットとは言われない）。ベアマーケットは次のようなときに起こる。

- **経済が縮小している。**
- **失業率が上がる。**
- **企業の業績が低調。**
- **デフレ、あるいはインフレ率が安定しない。**

「ベア」という表現も、専門家が市場や特定の株について語るときに使われる。

投資家にとっての意味

こうした定義を読めば、株式市場というのは秩序のあるわかりやすい場所だと思うかもしれない。しかし、現実はずっと厄介だ。株価が何日か連続で下がれば、それはベアマーケットのはじまりかもしれないし、たまたまおかしな動きをしただけで、その後は上昇するかもしれない。

> 「ジェットコースターに乗って怪我をするのは、じっとしていられない人だけ」
> ——ポール・ハーヴェイ
> （ジャーナリスト）

投資家は多大なエネルギー（と資金）をつぎこんで、売り時を見極めるためにブルマーケットの終わりを予想し、買い時を見極めるためにベアマーケットの終わりを予想する。実際には、こうした転換点を当て続けることができる人はいない。ほとんどの人は、ブルマーケットだろうが、ベアマーケットだろうが、保有し続けるほうが成績は上がる。

おもしろ豆知識

- **ブルマーケットは平均で9.1年続き、リターンは平均で480%。**
- **ベアマーケットは平均で1.4年続き、損失は平均で41%。**
- **「ブル」と「ベア」という名前は、攻撃するときの動きにちなんでつけられた（雄牛は角を突きあげ、熊は前足を振りおろす）。**

ここがポイント

- ブルマーケットとは、株価が上昇し続けている状況のこと。経済は好調。
- ベアマーケットとは、株価が下落し続けている状況のこと。経済は低調。
- 理論どおりに動く世界なら、市場の転換点が予測できるので、利益だけを手にできる。現実の世界では、株価が上がっても下がっても保有し続けるのがいちばんいい方法。

20代の代謝はブルマーケット。50代の髪の毛はベアマーケット。

投資信託

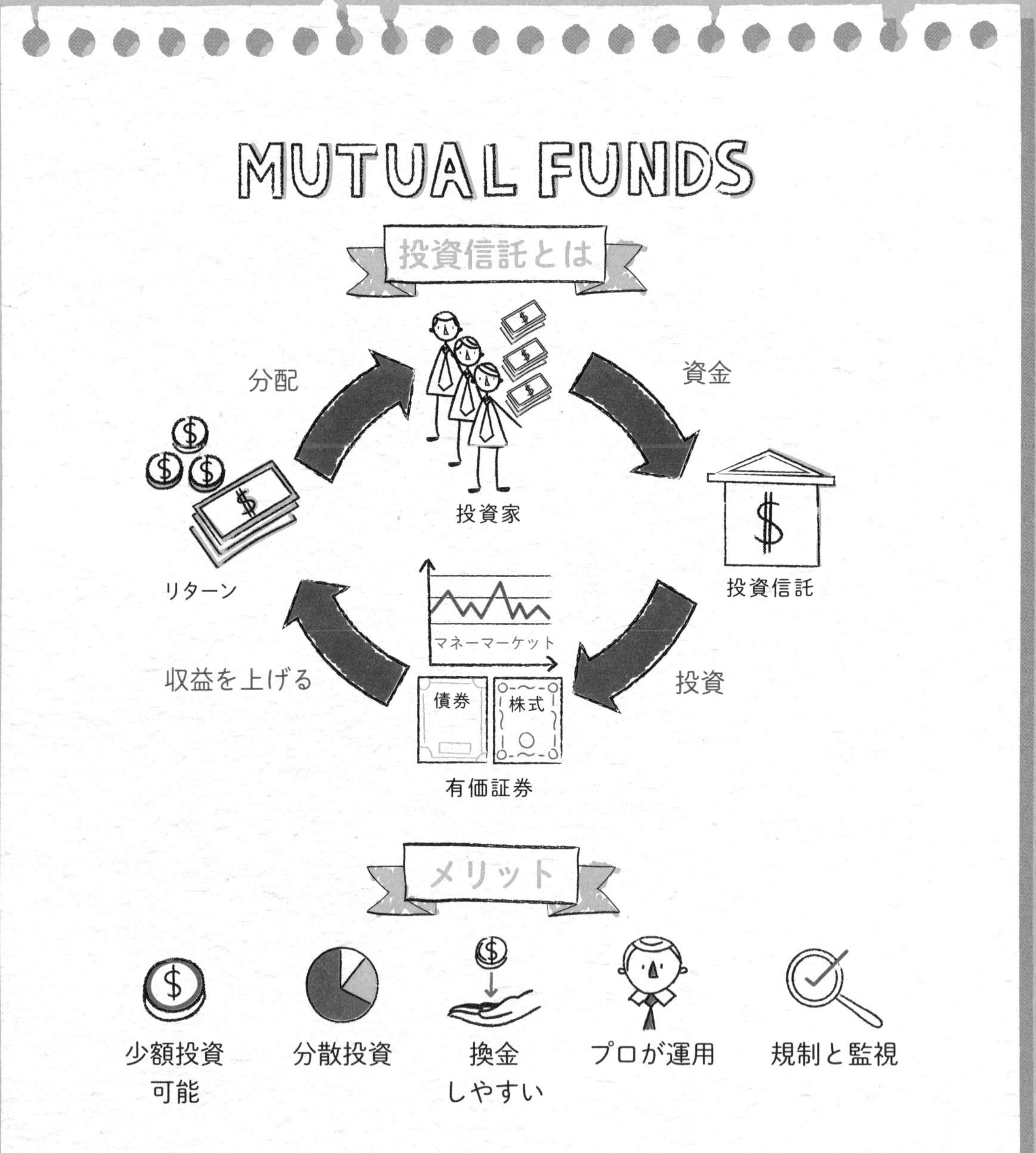
MUTUAL FUNDS
投資信託とは
分配
資金
投資家
投資信託
リターン
マネーマーケット
収益を上げる
投資
債券
株式
有価証券
メリット
少額投資
可能
分散投資
換金
しやすい
プロが運用
規制と監視

投資信託とは、専門家が投資家から資金を集めて投資を行ない、運用管理する金融商品のこと。

こういうふうに考えてみてほしい。自分で株式や債券を選ぶのは、自炊するようなもの。いい材料を選んで、調理方法の知識を動員し、バランスの良い食事を用意しなければならない。一方、投資信託を購入するのは、手ごろな値段でシェフを雇うようなもの。自分以外の誰かが食事の計画を立ててくれ、調理もしてくれる。しかし、それが本当に健康的な食事であるかどうかは自分で確認しなければならない（あと、本当に手ごろな値段かどうかも）。

投資信託の流れ

ステップ1 投資家は投資信託を購入する。

ステップ2 投資信託は、投資家のお金を集めてさまざまな投資商品（主に株式や債券）を購入する。

ステップ3 配当、金利、利益は投資家に分配される。それを再投資することもできる（分配金についてどうするかは購入時に選択していても、たいていはいつでも変更できる）。

ステップ4 投資家はいつでも換金できる。

投資信託のメリット

投資信託は投資商品として人気が高い。理由は次のとおり。

専門家による管理 資金を広く集めるので、一流のマネジャーを雇える。調査員やアナリストからなる大きなチームを抱えた投資信託もある。

分散投資 多くの投資信託は数百（あるいは数千）といった数の有価証券を保有している。投資家は1つか2つの投資信託で十分な分散投資ができる。

流動性 株式のようにひんぱんに取引はできないが、市場が開いている日ならいつでも購入できる。

少額から投資可能 多くの投資信託は数百ドルから数千ドルくらいではじめられる。手数料はさまざまだが、一般的なヘッジファンドよりはずっと安い。もっとも安い投資信託では、100ドルごとにわずか数セント。

監視と規制 投資信託は定期的にレポートを提出しなければならない。さらに、日々の基準価額を報告しなければならず、また、投資できる商品には規制がある。基本的には、バーニー・マドフのような詐欺をするのは不可能。

投資信託の種類

投資信託には、たとえば次のような種類がある。

株式ファンド 	株式に投資する。
債券ファンド 	債券に投資する。
マネー・マーケット・ファンド 	安全な短期金融商品（短期の国債やコマーシャルペーパーなど）に投資する。
バランスファンド 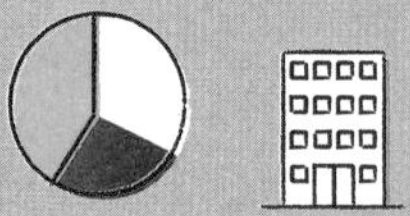	株式や債券を組み合わせて投資する。
ターゲット・デート・ファンド 	さまざまな投資商品を組み合わせて投資するが、退職が近くなるにつれて、より保守的に運用する。

おもしろ豆知識

- 会計の専門家ハリー・マルコポロスは、マドフが詐欺を働いていると監視機関に何度も警告した。2005年には「世界最大のヘッジファンドは詐欺だ」という手紙も送った。しかし、機関は耳を傾けようとせず、2008年になってマドフのファンドは破綻した。
- もっとも古い投資信託はMFSのマサチューセッツ・インベスターズ・トラスト・ファンドで、1924年に創設された。

ここがポイント

- 投資信託は投資家から資金を集め、さまざまな有価証券を購入する。
- 投資信託のメリットとしては、専門家による管理、分散投資、比較的安い手数料、厳しい規制と監視があげられる。
- 投資信託は幅広い資産に投資できる。その投資信託のリスクやリターンは保有している資産による。

投資信託に投資すれば、投資リスクを下げられる。スポーツジムに投資すれば、おなかのぜい肉リスクを下げられる。

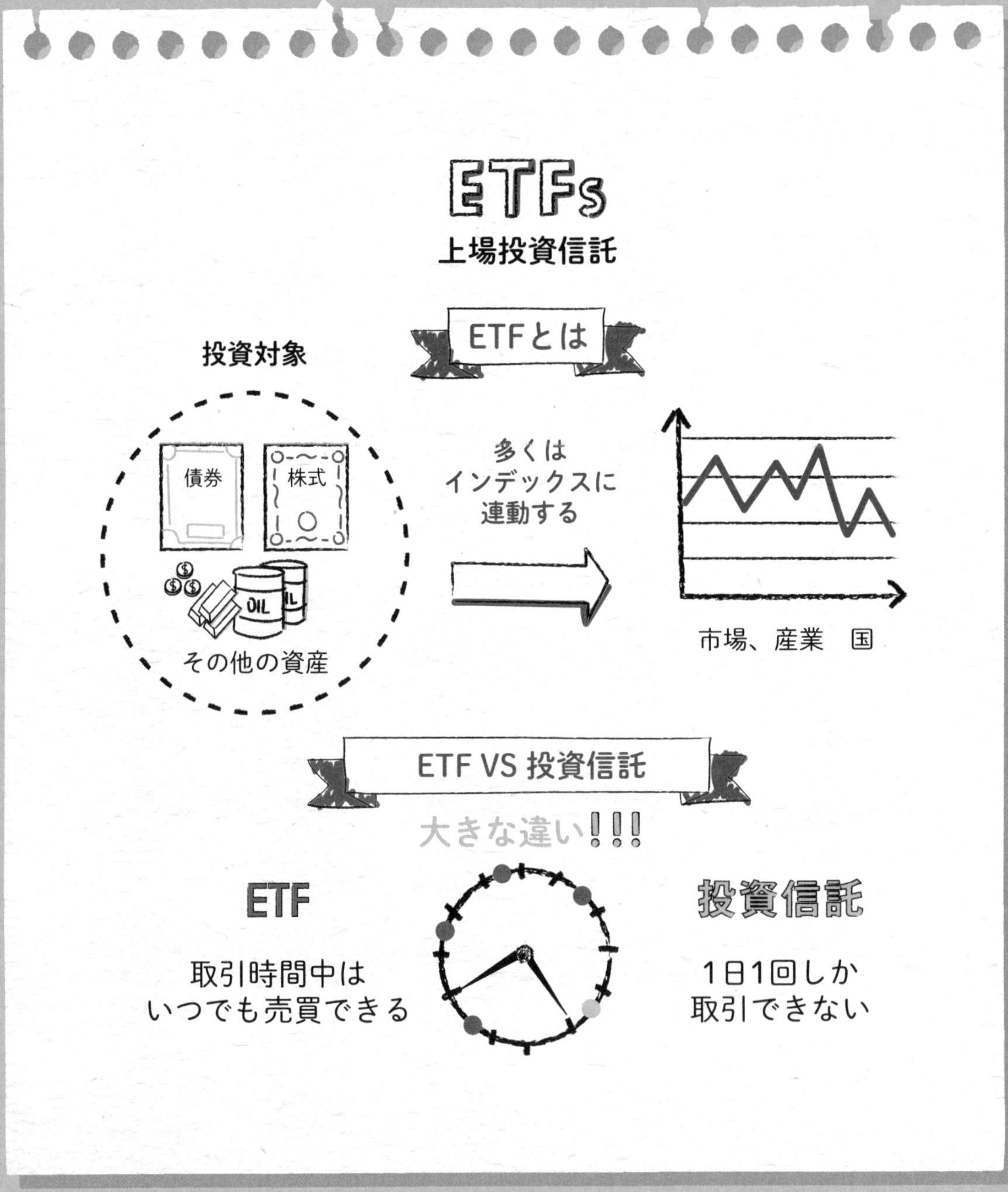
ETFs
上場投資信託
ETFとは
投資対象
債券
株式
OIL
その他の資産
多くは
インデックスに
連動する
市場、産業　国
ETF VS 投資信託
大きな違い!!!
ETF
取引時間中は
いつでも売買できる
投資信託
1日1回しか
取引できない

ETF（上場投資信託）は株式と同じように取引所で取引されるが、それ以外は投資信託によく似ている。投資信託と同じように、専門家がさまざまな投資商品で運用しているため、投資家は広く分散されたポートフォリオを組むことができる。

ETFと投資信託

主に次のような違いがある。

ETF	投資信託
株式と同じように取引所で取引されるので、取引時間中はリアルタイムで価格がわかる。	評価は1日1回。リアルタイムではない。
株式のように取引時間中は売買できる。	購入、換金は1日1回。
インデックスファンドが多い。市場を上回る成果を目指すのではなく、指数に連動した成果を上げる。	インデックスファンドもあるが、多くはアクティブに運用される。マネジャーはもっとも成果の出る投資を選択しようとする。
たいていは保有し続けているかぎり、税金は最小ですむ。	保有していても多額の税金がかかることがある。

人気の秘密

ETFは最近、非常に人気があるが、以下のような理由があげられる。

- **インデックス投資が人気。**

市場に連動した成果を目指すインデックスファンドを購入した投資家のほうが、市場を上回る成果を目指すアクティブ運用のファンドを購入した投資家よりも、平均していい結果を出していることを示す証拠がある。

- **投資信託より手数料が安い。**

インデックス型の投資信託を買うことも可能だが、インデックス型のETFのほうが手数料は安い（手数料が高くなる＝リターンが減る）。

●最低購入金額が安い。

１口から購入可能（投資信託は最低購入金額でも数千ドルかかる）。

●ほぼ何にでも投資できる。

投資信託と同じように、ETFも株式や債券を保有する。しかし、それ以外に幅広く投資することも可能だ。たとえば、金を保有するETFや、日々の原油価格に連動するETF、バイオテクノロジー株だけに投資するETFなどがある。

おもしろ豆知識

- **ETFのSPDRゴールド・シェアは、ロンドンにあるHSBCの金庫に約７万本の金の延べ棒（一本400オンス）を保管している。年に１度、外部の会社にすべての延べ棒があることを確認させているらしい（夏のインターンシップに最適じゃない?）。**
- **アメリカのETF市場はおよそ４兆ドル。**
- **ETFにはObesity ETF（肥満撲滅に貢献する銘柄が中心）やGlobal X Millennials Thematic ETF（ミレニアル世代を対象に事業展開をする銘柄が中心）といった変わり種もある。**

ここがポイント

- ETFは投資信託に似ているが、投資信託と違って、証券取引所が開いているときにはいつでも売買できる。
- 多くのETFはインデックスファンドで、S&P500のような指数に連動する。
- ETFは近年人気が高まっている。投資家の資金がインデックスファンドに流れるようになったことと、投資信託にくらべて手数料や税金の面で有利なことが背景にある。

ETFの人気の秘密――E（いつでも）T（取引できる）F（ファンド）だから!?

債券

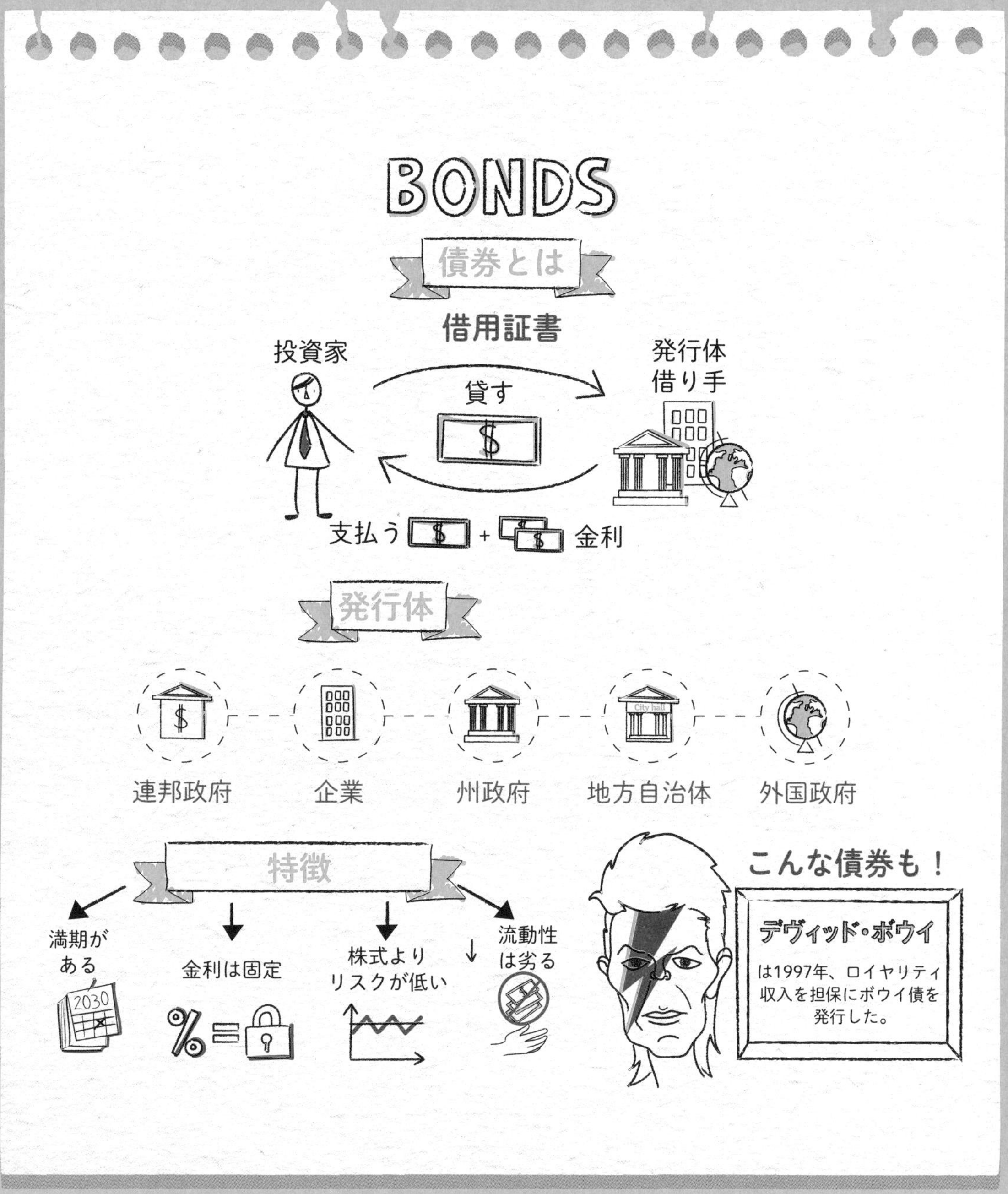

BONDS
債券とは
借用証書
投資家
発行体
借り手
貸す
$
支払う
+
金利
発行体
$
City hall
連邦政府
企業
州政府
地方自治体
外国政府
特徴
満期がある
2030
金利は固定
株式より
リスクが低い
流動性は劣る
こんな債券も！
デヴィッド・ボウイ
は1997年、ロイヤリティ収入を担保にボウイ債を発行した。

債券とは要するに借用証書だ。債券を購入した人は、その債券を発行した団体に金を貸したことになる。基本的に、借りた側は購入者に対して、一定の金利を定期的に払う。債券が満期を迎えると、発行者は元本すなわち額面金額を返済する。

債券の特徴

債券には株式とは異なる特徴がいくつかある。

固定金利 ほとんどの債券は金利が決まっていて変わらない。額面金額が1,000ドルで金利が5%なら、年に50ドルの利息が支払われる。

満期日 満期までの期間はさまざまで、30年のものもあれば、1年のものもある。しかし、一般的には、償還日が決められていて、最初に投資した元本がもどってくる。

信用格付け 信用格付けとは、債券発行体の金利と元本の支払い能力を評価したもの。
いちばん信用の高い債券はAAA。
格付けの低い債券はジャンク債と呼ばれる。金利は高いが、それは発行体の財務基盤が脆弱で、債務不履行になるリスクが高いから。

リスクとリターン 一般的に債券は、株式よりもリターンもリスクも低い。

売買 株式は証券会社で簡単に取引できる。しかし、債券はいつでもかならず買えるとはかぎらず、償還前に売却するときには、いい値段で売れないこともある。

債券の種類

主な債券には次のようなものがある。

国債 連邦政府が発行する債券。利息収入については、州・地方自治体レベルで税金の優遇措置が受けられる。

地方債 州や地方自治体、その他の関連団体が発行する債券。利息収入については、一般に連邦レベルでは税金の優遇措置が受けられ、場合によっては州・地方自治体レベルでも受けられる。

社債 企業が発行する債券。利息収入に税金の優遇措置はない。

おもしろ豆知識

- **1997年、デヴィッド・ボウイは、ロイヤリティ収入を担保に債券を発行した。利回りは8%だった。**
- **ディズニー、コカ・コーラ、アルゼンチン、オーストリアは100年債を発行している。**

ここがポイント

- 債券は借金である。債券を購入した人は貸し手、発行体は借り手となる。
- 債券はあらかじめ決められた金利を払い、特定の日に満期を迎える。
- 債券は一般に株式よりもリスク、リターンともに低い。

ピーターパンと債券の違い。ピーターパンの少年時代に終わりはないけれど、債券には終わりがある。ピーターパンは夢をくれるけど、債券はお金をくれる。

IPO

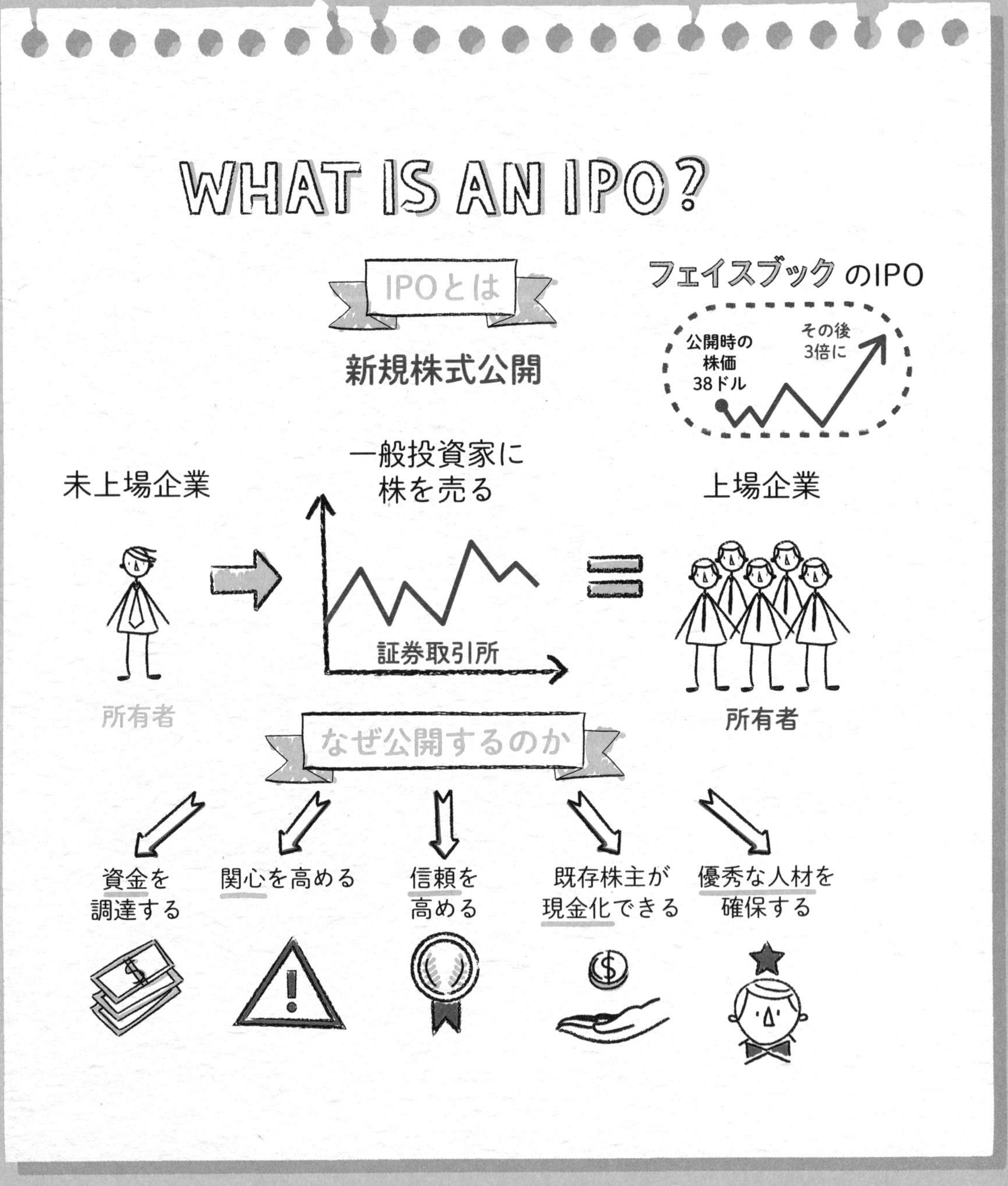
WHAT IS AN IPO?
IPOとは
新規株式公開
フェイスブックのIPO
公開時の株価38ドル
その後3倍に
未上場企業
一般投資家に株を売る
上場企業
証券取引所
所有者
所有者
なぜ公開するのか
資金を調達する
関心を高める
信頼を高める
既存株主が現金化できる
優秀な人材を確保する

IPOはinitial public offeringの略で、企業の株式が証券取引所に上場し、一般の人が投資できるようになることをいう。「株式を公開する」とも言う。

IPOまでの流れ

ステップ1 非公開会社としてスタートする。つまり、株式は公には取引されない。創設者や従業員が会社の株式のほとんどを所有していることが多い。

ステップ2 公開することを決める。投資銀行の力を借り、何株をいくらで売るかといった詳細を詰める。

ステップ3 フォームS1を監督機関に提出する。これは企業が公開計画を知らせる書類で、企業の財務諸表に加え、調達予定額などの詳細が含まれている。

ステップ4 投資銀行は公開する株式を買い上げる。

ステップ5 IPO当日。上場した取引所で取引がはじまり、投資銀行は株式を一般の投資家に売る。

なぜ公開するのか

企業が株式を公開するいちばんの理由は、事業拡大に必要な資金を調達するため。ほかには次のような理由がある。

創業メンバーに報いる その会社の株式を多数保有している創業メンバーがいても、未上場では株式を売却することはできない。上場後は株式を売却できる（そのお金を握りしめてテスラに直行するかも）。

自慢できる 主要な証券取引所で取引される企業という信頼と知名度を手に入れることができる。

関心を集める 派手なIPOを行なえば、潜在的な投資家の関心を集めることができる。

優秀な人材を確保する 上場していれば、株式報酬を提供できるため、働く人にとってより魅力的な職場となる。

売出し（Secondary offering）

企業はIPOを行なったあとも、まとまった株式を売ることができる。これを「売出し」と言う。多くの場合、IPOほど華々しくは行なわれない。

おもしろ豆知識

- ニューヨーク証券取引所に上場する場合、その企業の代表が取引フロアでその日の取引を開始するベルを鳴らすことになっている。
- 大規模なIPOのあとに落ちこむ株式もあれば、逆の株式もある。スナップチャットの株価は上場初日に44%上昇したが、その後数年で75%以上減少した。フェイスブックの株価は上場当初は思うように上がらなかったが、その後の数年でおよそ300%アップしている。
- 通常のIPO手続きを行なわなくても、株式は公開できる。スポティファイは2018年にいわゆる「直接上場」を果たした。直接上場のデメリットは、新規の資金調達ができないこと（既存の株主が現金化できるだけ）。メリットは、IPOほど注目されないので、株価が大きく変動しないこと。

ここがポイント

- IPOとは、企業の株が株式市場で取引されるようになること。「株式を公開する」ともいう。
- 企業は資金調達のために株式を公開するが、それ以外にも投資家の関心を高めたり、既存の株主が現金化できるようにするといった理由もある。

もしグーグル株をIPOで買っていたら、いまごろ執事にググってもらっていたかも。

おさらいクイズ

1 株式(ストック)とは？

a 借金の一形態。
b 高価なウォールデコ。
c 企業の所有権を分割したもの。
d 自分を厳しく律すること。

2 株式でリターンを得る2つの方法とは？

a 配当と値上がり。
b 金利と元本。
c 恐怖と脅迫。
d 借用証書とお店でもらえる割引クーポン。

3 株式を売買するのに必要なのは？

a 秘密の握手のやり方を覚える。
b 証券取引所に行く。
c SNSで最新情報を探る。
d 証券会社に口座を開く。

4 株式相場を上げるものとして正しいのは？

a 強いドルと高い関税。
b 低い金利と低い税率。
c イーロン・マスクの髪形が決まっていること。
d バイアグラ。

5 20年間で見ると、アメリカの株式はかならず上がっている。これって正しい？

正しい　　まちがい

6 ブルマーケットとは?

a 投資家が角で突かれる市場。
b 株価が上昇する市場。
c 債券価格が下がる市場。
d 赤身肉がお買い得なスーパー。

7 ウーバーの運転手が、テクノロジー株を「ベア」という言葉で表現していた。どういう意味?

a テクノロジー株は下がると思う。
b テクノロジー株は上がると思う。
c 目的地がわからない。
d 星は1つしかもらえないと思う。

8 投資信託とは?

a クラウドソーシングによる投資。
b ファンドの許可がおりたときだけ投資できるファンド。
c 証券取引所で取引されるファンド。
d 投資家の資金を集めて、専門家が運用する投資商品。

9 投資信託のメリットとして適当とは言えないのは?

a 規制が厳しい。
b 専門家が運用管理する。
c 運用成績が保証される。
d 分散投資できる。

10 ETFとは?

a エルフ(妖精)だけが投資できるファンド。
b 占い師が管理するファンド。
c 株式のように証券取引所で取引されるファンド。
d 高速道路の料金収受システム。

11 ETFの人気が高い理由として適当とは言えないのは?

a 手数料が比較的安い。
b 少額からはじめられる。
c インデックス投資の人気が高く、ETFの多くはインデックス投資だから。
d 投資信託より歴史が長いから。

12 株式にくらべて債券(ボンド)の特色は?

a リスクもリターンも低い。
b 配当が高い。
c 売買が簡単。
d ステアではなく、シェイクする。

13 債券の信用格付けの範囲は?

a AAAからZZZまで。
b AAAからジャンク債まで。
c 「ビミョー」から「サイコー!」まで。
d 「ブルースティール」から「マグナム」まで。

14 社債の金利収入には税務上の優遇措置がある。これって正しい?

正しい　　まちがい

15 IPOは何の略?

a Illegal Pet Owners.(違法なペットオーナー)
b Investment Primary Opening.(第1次投資開放)
c Initial Public Offering.(新規株式公開)
d I'm Purchasing Oreos.(私はオレオを買います)

16 企業が株式を公開する理由として適当とは言えないのは？

a　資金調達。

b　既存の株主が現金化できるようにする。

c　優秀な人材を集める。

d　会計士や弁護士にかかる費用を節約する。

答

[1] c　[2] a　[3] d　[4] b　[5] 正しい　[6] b　[7] a　[8] d　[9] c

[10] c　[11] d　[12] a　[13] b　[14] まちがい　[15] c　[16] d

第 6 章

税金を払う

税金

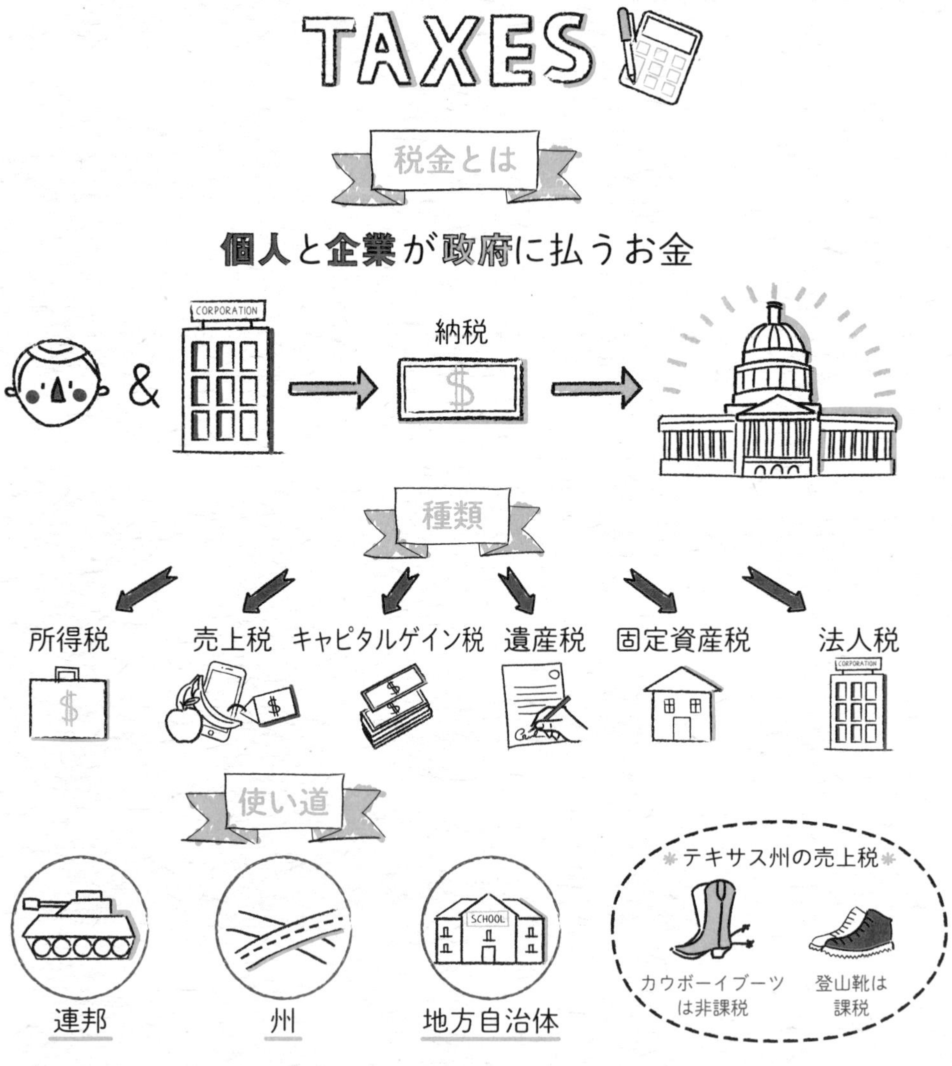

TAXES
税金とは
個人と企業が政府に払うお金
CORPORATION
&
納税
$
種類
所得税
売上税
キャピタルゲイン税
遺産税
固定資産税
法人税
使い道
連邦
州
SCHOOL
地方自治体
テキサス州の売上税
カウボーイブーツは非課税
登山靴は課税

税金とは、個人と企業が政府に納めなければならないお金のこと。

種類

政府は、個人や会社が稼ぐたびに、その一部を要求する。私たちはたとえば次のような税金を払わなければならない。

所得税	給与にかかる税金だが、ギグ・エコノミーや投資による所得にもかかる。
売上税※	店やレストラン、オンラインで買い物をしたときに払う。
固定資産税	不動産を所有していれば払う。
キャピタルゲイン税	投資資産を売却して利益を得た場合に払う。
遺産税※	資産家が亡くなったとき、払うことになる。
法人税	企業の利益にかかる。

税金の使い道

税金は、上院議員の給与から橋の修理代、対外援助にまでさまざまな目的に使われる。もっと具体的に言えば、次のとおり。

- **連邦所得税は連邦政府の財源となり、次のような用途がある。**

軍事費／社会保障／メディケア（高齢者向けの医療保険）とメディケイド（低所得者向けの医療保険）／国債の金利支払いなど

- **州の売上税と所得税の用途は次の通り。**

公立学校／メディケイド／交通／州立刑務所など

> 「税金とは文明社会の対価である」
> ——オリヴァー・ウィンデル・ホームズ・ジュニア
> （最高裁判所判事）

- **固定資産税や地方自治体の税金の用途は次の通り。**

公立学校／消防署、警察／道路の補修など

おもしろ豆知識

- **テキサス州ではカウボーイブーツを買っても売上税はかからないが、登山靴にはかかる。**
- **ニューヨーク州では、ベーグルをそのままで買うと売上税はかからないが、切ってもらうと調理したと見なされ、税金がかかる。**
- **カンザス州では、地面につながれた熱気球に乗ると遊興税がかかる。つながれていなければ交通手段を見なされ、税金はかからない。**
- **ニューメキシコ州では、100歳になった人はそれ以降、州所得税の優遇措置が受けられる。**

ここがポイント

- 税金とは、政府を機能させるために個人や企業が払うもの。
- 税金は、収入、買ったもの、所有している資産にかかる。
- 税金には、連邦税、州税、地方自治体の税があり、さまざまなサービスの提供のために使われる。

子どものフライドポテトを3分の1くらい横取りして、税金の意味を教えてあげよう。

※売上税と遺産税は、それぞれ日本の消費税と相続税にあたるもの。しくみや税率などは異なる。

確定申告

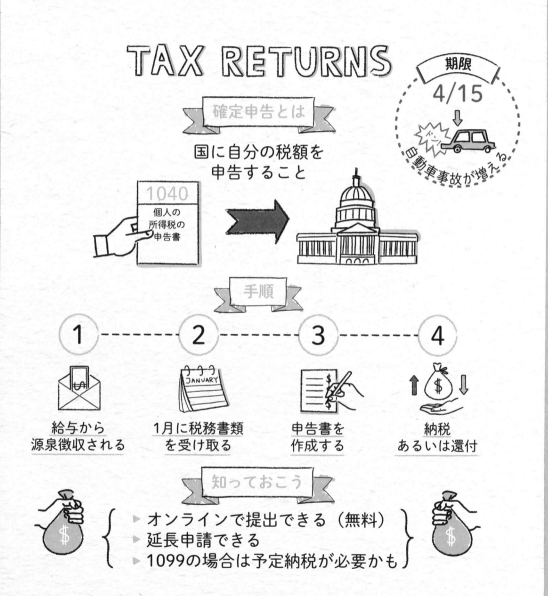

TAX RETURNS

確定申告とは

国に自分の税額を
申告すること

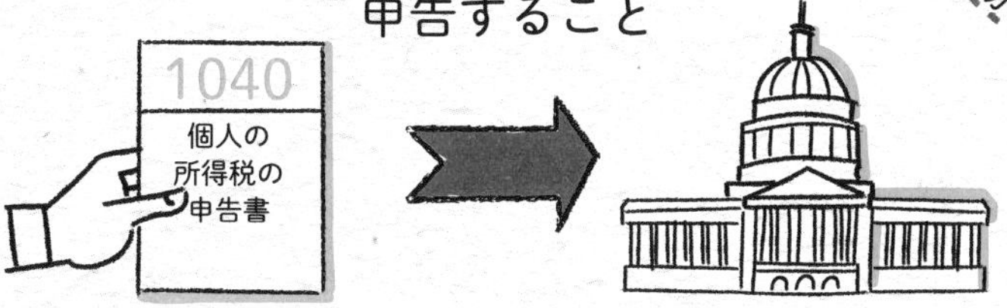

手順

1 ---- 2 ---- 3 ---- 4

1. 給与から源泉徴収される
2. 1月に税務書類を受け取る
3. 申告書を作成する
4. 納税あるいは還付

知っておこう

- オンラインで提出できる（無料）
- 延長申請できる
- 1099の場合は予定納税が必要かも

「おれが恐れるのは神とIRSだけ」
——ドクター・ドレー、ラッパー
（プロデューサー）

ほとんどの人は1年を通して税金を払っている。確定申告書を提出するときには、その年に払うべき金額を計算して、すでに払った金額と比較する。払った金額が少なければ、足りない分の小切手を申告書といっしょに送付する。多く払っていれば、還付されるのを待とう。

確定申告書はとても大事。IRS※ともめるなんて避けたほうがいい。絶対に。

申告までの手順

ステップ1 1月から12月まで、給与をもらう人は給与から税金を払っている。ほかの収入があれば、4半期ごとに予定納税をするかもしれない。

ステップ2 1月下旬、雇用主と、口座がある金融機関が税務書類を送ってくる。

ステップ3 4月15日までに申告書をまとめる（手をつけるのは、いつもぎりぎりになってから）。

ステップ4 追加で納税しなければならないときには、申告書といっしょに送付する。還付のときには、申告を提出してから数週間後に送られてくるはず。

申告に必要なもの

申告書をまとめるにあたって、少なくとも次のものが必要。

- **社会保障番号**
- **前年の申告書**
- **雇用主からもらう書類（W-2か1099）**
- **金融機関からもらう書類（1099）**
- **所得控除、税額控除を受ける場合にはその証明書類**

（それからワインも。納税のショックを癒してくれるかも。）

申告前に知っておこう

- IRSへの提出はオンラインでできる（無料）。ソフトウエア会社のなかには無料の申告ソフトを提供しているところもある。申告内容が単純な場合や、税額が一定額以下の場合には、利用できるだろう。
- 申告期限に間に合わないときには、6カ月の延長を申請することができる（延長されるのは申告の期限だけ。納税の場合には通常の期限内の支払いが求められる）。
- ギグ・エコノミーに従事しているなら、おそらく年に4回予定納税を行なう必要がある。

おもしろ豆知識

- 国によっては確定申告の苦労は不要。ドイツ、日本、スペインなど36カ国では、確定申告をする必要がない（国が計算してくれる）。
- 4月15日には自動車の死亡事故が増える（オンライン申告をしよう！）。

ここがポイント

- 確定申告とは、前年分の税金とすでに払った税金を計算し、両者をくらべて調整するもの。
- 確定申告を行なうには、W-2、1099、その他の所得の記録、所得控除や税額控除の証明書類が必要となる。

覚えておいて。確定申告って、あなたが心配する以上にあなたのことを心配しているから。

※日本の国税庁にあたる。

1099とW-2

1099 VS. W-2 EMPLOYEE

違いは？

個人事業主

従業員

1099 ← 税務書類 → W-2

個人事業主（1099）	従業員（W-2）
雇用されていない	雇用されている
納税額が多い	納税額が少ない
年に4回予定納税する	給与から源泉徴収される
経費の控除が可能	経費の多くは控除できない
失業手当がもらえないかも	失業手当がもらえる

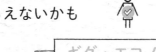

ギグ・エコノミー

（ウーバー）Uber　（タスクラビット）TaskRabbit　（リフト）lyft

個人事業主に分類される → 従業員にかかる費用が節約できる

アメリカには1099とW-2という税務書類がある。あなたが個人事業主なら年末に1099をもらう（1枚とはかぎらない）。もし従業員ならW-2をもらうことになる。

なぜ重要なのか

個人事業主か従業員かによって、税額や支払いの時期が異なってくる。受けられる制度も異なることがある。

	個人事業主	従業員
税務書類	1099	W-2
支払いの時期	年に4回予定納税する。	給与から源泉徴収される。
あなたの税負担	従業員より多い。	個人事業主より少ない。
雇用主の税負担	従業員より少ない。	個人事業主より多い。
その他	失業したときに失業手当をもらえないかもしれない。 医療保険や401kなどの会社の福利厚生制度が使えない。	一般に、失業すれば失業手当がもらえる。 医療保険や401kなどの会社の福利厚生制度が使える。

両者をどのように区別するのか？

自分が個人事業主なのか従業員なのかは、受け取る税務書類と仕事の対価の受け取り方でわかる。隔週で給与をもらい、年末にW-2を受け取れば、あなたは従業員で、業務ごとにインボイスを提出し、年末に1099を受け取れば、個人事業主である。

両者を区別する要因には次のようなものがある。

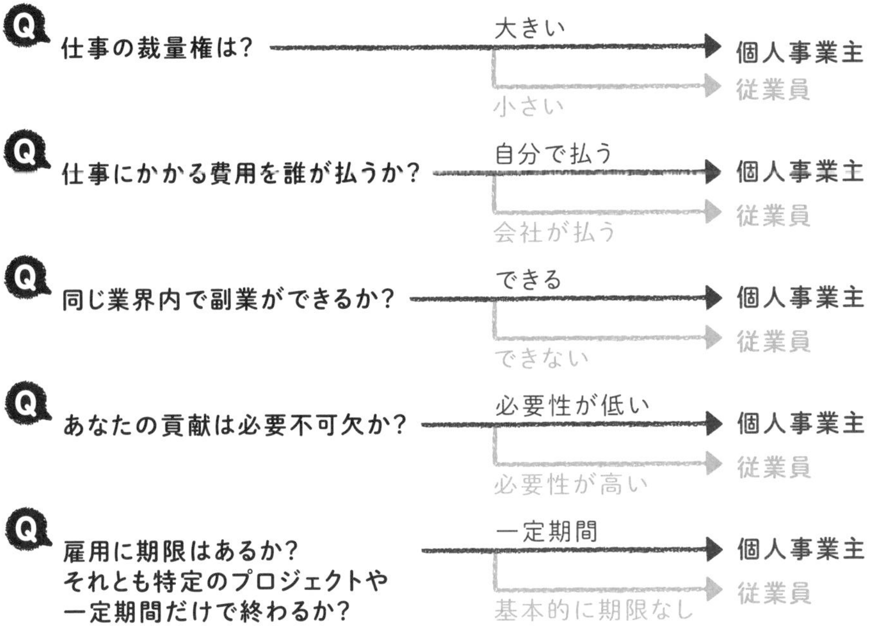

両者の区分をめぐる議論

この区分はかならずしも単純ではなく、議論になることがある。

ウーバーやリフト、タスクラビットといったギグ・エコノミー企業では、その働き手を個人事業主としている（そのほうが企業はコストを節約できるから）。しかし、従業員として扱うべきではないかといった法的な議論が進行している。

おもしろ豆知識

- **通勤途中に車で誰かをはねてしまった場合、もしあなたが従業員であれば、雇用主が責任を負うだろう。個人事業主だった場合は、あなた自身が責任を負うことになるだろう。**
- **この区分については政府なら決められるかと言えば、そうでもない。連邦機関でも見解が異なることがあるし（たとえばIRSと労働省で異なるなど）、州や裁判所によっても違ってくる。税務上はどちらかの地位で、別の目的（労働争議を起こしたときや自動車事故で訴えられたりしたときなど）では異なる地位となることもあり得る。**

ここがポイント

- 税務書類として1099を受け取るかW-2を受け取るかは、個人事業主か従業員かによる。
- この区分は、税額、納税時期、福利厚生に影響する。
- どちらに分類されるかは簡単に決まらないケースもあり、複数の要因による。

ビヨンセは個人事業主。だから、もしあなたが1099をもらっていたら、ビヨンセといっしょ！

所得控除

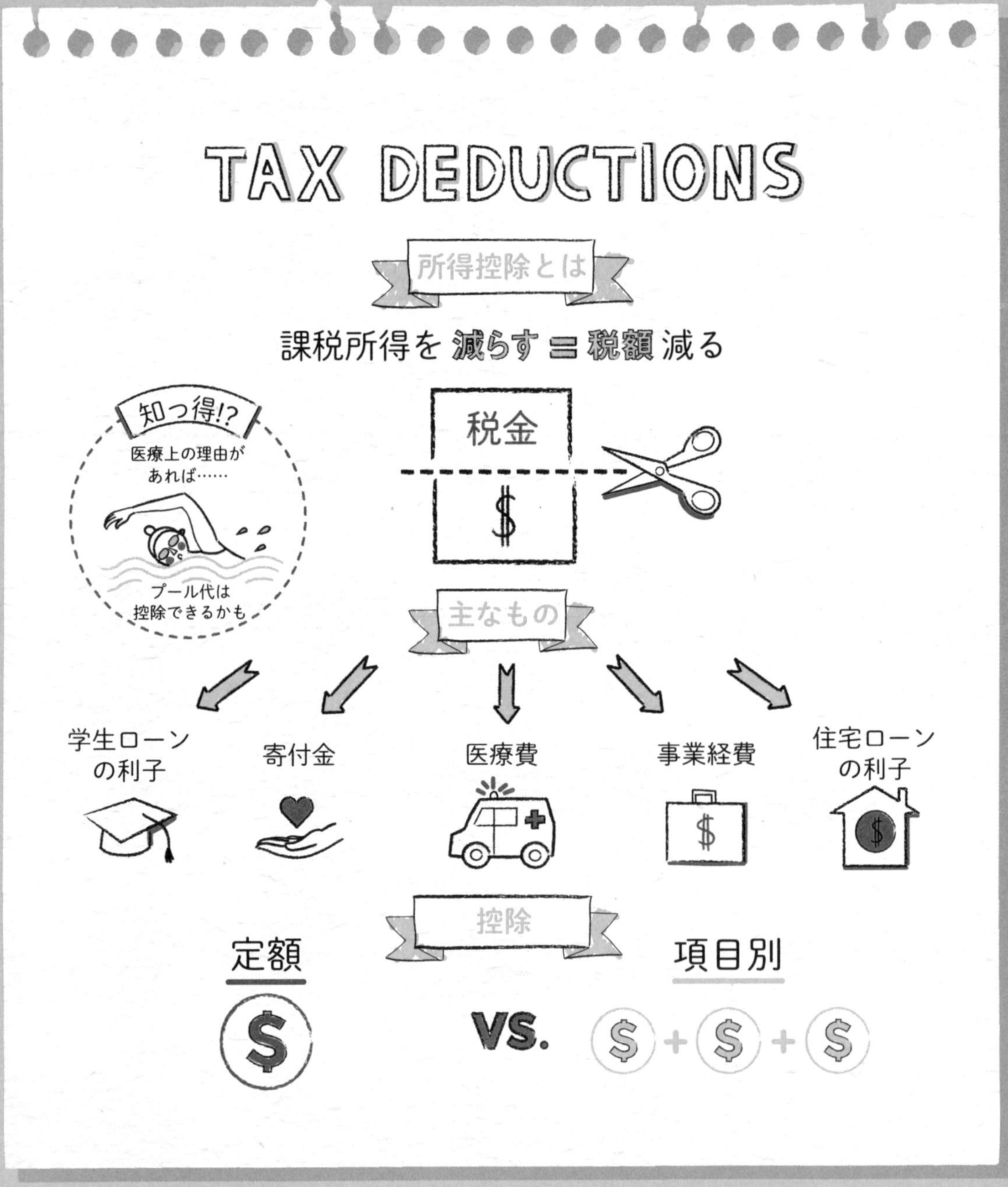
TAX DEDUCTIONS
所得控除とは
課税所得を減らす＝税額減る
税金
$
知っ得!?
医療上の理由があれば……
プール代は控除できるかも
主なもの
学生ローンの利子
寄付金
医療費
事業経費
住宅ローンの利子
控除
定額
VS.
項目別

所得控除とは、税額を計算するときに、慈善団体に対する寄付金や学生ローンの利子などを所得から引くこと。これにより税金を減らすことができる。

所得控除できる支出には、次のようなものがある。

「普段、推理（deduction）※する力を試そうとする人はほとんどいない。ただし、税務申告書を埋めるときは別」

——ローレンス・J・ピーター（作家）

※deductionには「控除」と「推理」の意味がある。

- **学生ローンの利子**
- **IRAへの拠出金**
- **州税、地方自治体の税金**
- **住宅ローンの利子**
- **慈善団体への寄付**
- **医療費**（年間の費用が所得の一定割合に達したとき）
- **事業経費**（個人事業主の場合）

所得控除と税額控除

どちらも納める税金を減らす効果がある。しかし、同額なら、税額から直接引ける税額控除のほうが効果的だ（所得控除は課税される所得から引く）。

たとえば、あなたの収入が5万ドルで税率が25%だったとしよう（実際の税率はもっと複雑だけど）。1万ドルの控除を所得控除と税額控除でくらべてみよう。

	1万ドルの所得控除	1万ドルの税額控除
課税所得	5万ドル－1万ドル＝4万ドル	5万ドル
税額（税率25%）	4万ドル×0.25＝1万ドル	5万ドル×0.25＝1万2,500ドル
控除額	0ドル	－1万ドル
最終税額	1万ドル	2,500ドル

項目別控除か定額控除か

申告する人は項目別控除か定額控除を選択しなければならない。定額控除は簡単だ。決められた金額を所得から引くだけ。細かく計算する必要も、記録する必要もない。

項目別控除（控除対象となるものを合計する）は少し手間がかかるが、人によってはそのほうが節税になる。

学生ローンの利子のように、項目別控除を選択しなくても引けるものもあるが、多くは項目別控除を選択しなければ引けない（住宅ローンの利子や寄付金など）。

> 「自由と正義は万人のためにあるかもしれないが、税務上の優遇措置は一部の人のためにある」
>
> ――マーティン・A・サリヴァン（経済学者）

おもしろ豆知識

- **仕事にかかる経費は控除できることが多いが、その範囲は一般に思われているよりも広い。あるストリッパーは、豊胸手術の費用を控除している。裁判で、舞台の小道具として認められたという。**
- **医療上の理由があれば、プール代や自宅のリノベーション費用を控除できるかもしれない。**

ここがポイント

- 所得控除は、課税する所得を小さくすることで支払う税金を減らすしくみ。
- 所得控除には、学生ローンや住宅ローンの利子、退職給付の拠出金などがある。
- 所得控除は重要だが、税額から直接引ける税額控除のほうが効果は大きい。

我が家――愛情を求めて帰る場所であり、税金が返ってくる場所でもある。

おさらいクイズ

1 税金に含まれないのは?

a 所得税
b キャピタルゲイン税
c ターボタックス
d 固定資産税

2 税金の使い道は?

a 夜明けのために。
b インターネットに。
c ボトックスに。
d 公立高校や軍隊に。

3 固定資産税は連邦税である。これって正しい?

正しい　　まちがい

4 確定申告とは?

a すでに納付した税金を政府が返してくれること。
b すでに払った税金とその年に払うべき金額を比較して調整すること。
c ラスベガスに行くための貯金をすること。
d 税金を払わないことで政治に抗議するチャンス。

5 4月15日の期限後に提出するとどうなる?

a 延長申請をしていれば問題ない。
b 自給自足で暮らしていれば問題ない。
c 死刑。
d スカイダイビングする。

6 確定申告は無料でオンラインで提出できる。これって正しい？

正しい　　まちがい

7 税務申告に不要なものは？

a 前年の確定申告書。
b 社会保障番号。
c その年の銀行口座の取引明細書。
d 1099かW-2。

8 もし、あなたが個人事業主だったら？

a 政府はあなたがいくら稼いでいるか知らないので、税金を納付する必要はない。
b 年に4回、見込みで税金を払い、1月に1099をもらう。
c 勤めている会社があなたに代わって税金を払う。
d スターバックスで脚本を書く。

9 従業員の税務上の特典は？

a 税額が少なく、失業したときには失業手当を受け取れる。
b 雇用主が代理で確定申告してくれる。
c 事務用品が無料。
d 爆発するまで怒りをためておける。

10 個人事業主と従業員の区別に影響するのは？

a 1日何時間フェイスブックに費やしているか。
b 病欠の連絡でどのくらい嘘をついているか。
c 仕事でチップを受け取るかどうか。
d 仕事にどのくらい裁量権があるか、仕事にかかる費用を誰が払っているか。

11 所得控除とは？

a 合法的に税額を減らす方法。
b 超富裕層にだけ関係するもの。
c 両親がやってくれるのであなたは心配しなくていい。
d 90インチのテレビを買う決心をするのに必要なもの。

12 所得控除は税額を直接減らす。これって正しい？

正しい　　　まちがい

13 所得控除に含まれないものは？

a 寄付金。
b ペットの費用。
c 学生ローンの利子。
d 仕事にかかる費用。

14 控除をするときに決めなければならないのは？

a 控除のやり方を教えてもらうために電話する相手。
b 控除額の全額を取るか、一部を取るか。
c 申告する子どもの数。
d 定額控除か項目別控除か。

15 住宅のリノベーション費用を控除できるケースもある。これって正しい？

正しい　　　まちがい

答

[1] c　[2] d　[3] まちがい　[4] b　[5] a　[6] 正しい　[7] c　[8] b
[9] a　[10] d　[11] a　[12] まちがい　[13] b　[14] d　[15] 正しい

第 7 章

起業する

アントレプレナーシップ

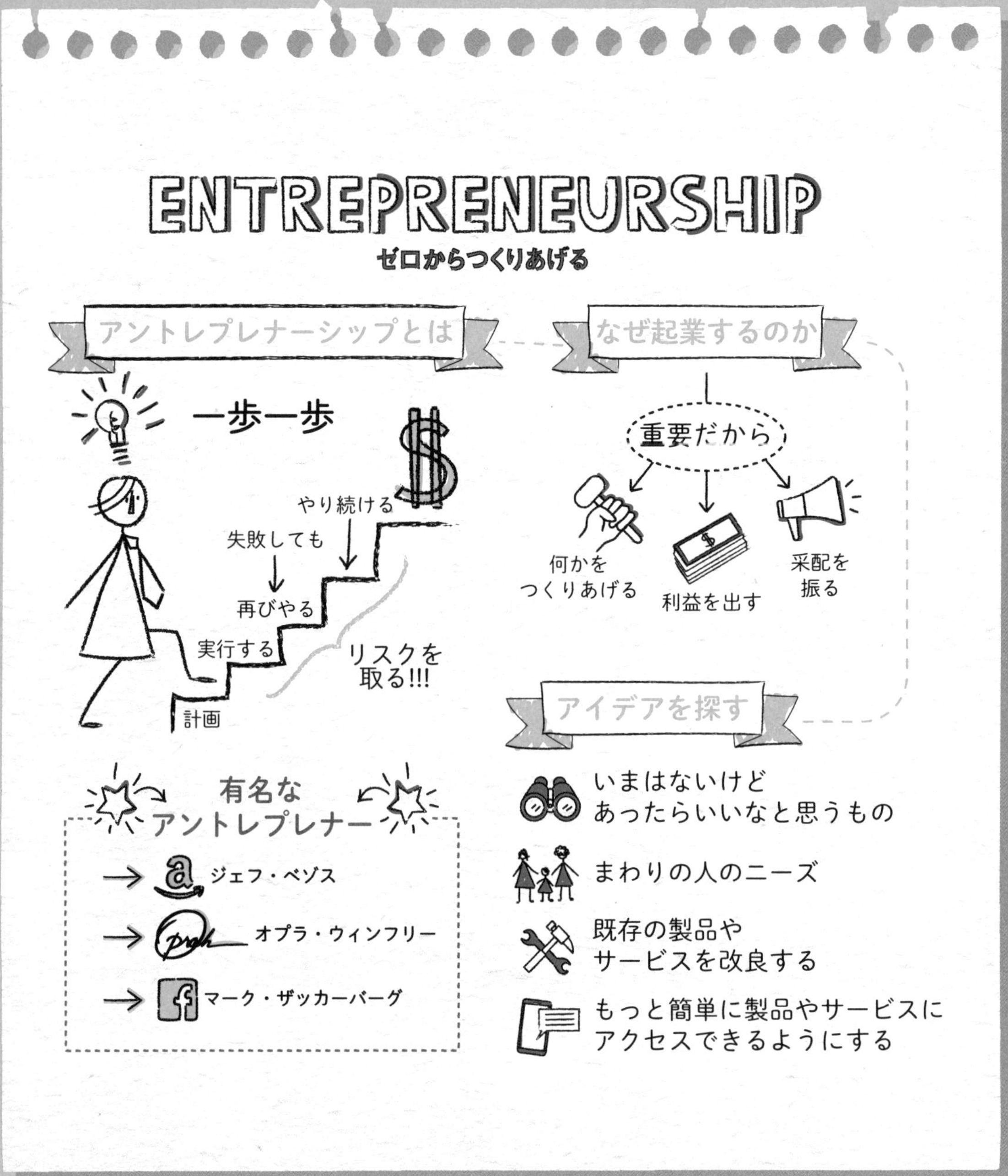

ENTREPRENEURSHIP
ゼロからつくりあげる
アントレプレナーシップとは
一歩一歩
計画
実行する
再びやる
失敗しても
やり続ける
リスクを
取る!!!
有名な
アントレプレナー
ジェフ・ベゾス
オプラ・ウィンフリー
マーク・ザッカーバーグ
なぜ起業するのか
重要だから
何かを
つくりあげる
利益を出す
采配を
振る
アイデアを探す
いまはないけど
あったらいいなと思うもの
まわりの人のニーズ
既存の製品や
サービスを改良する
もっと簡単に製品やサービスに
アクセスできるようにする

アントレプレナーシップとは革新の精神である。浮かんだアイデアを形にすべく先頭に立って行動することを意味する。

アントレプレナーシップと言うと、ジェフ・ベゾスやオプラ・ウィンフリー、マーク・ザッカーバーグといった大物を思い浮かべるかもしれないが、本業でも副業でも自分でビジネスをしている人なら誰でもアントレプレナーだ。

メリットとデメリット

ボスになるということは、コストを負担することでもある。

メリット	デメリット
自分の利益を確保できる。	リスクはすべて負う。
自分の好きなものをつくりあげ、形に残すことができる。	どんなにすばらしいアイデアでも実現できるとはかぎらない。
自分の好きなようにチームをつくれる。	責任アップ＝ストレスアップ。

アントレプレナーシップにまつわる誤解

夢を追うのは怖いかもしれないが、誤った認識をもとにためらってはいけない。

誤解	真実
お金がなければビジネスをはじめることはできない。	初期費用をかけずにはじめられるビジネスもあるが、多くは投資家や金融機関から資金を調達してはじめる。
まったくのオリジナルで、すばらしいアイデアが必要。	既存の製品やサービスをもとにして成功したビジネスはたくさんある。
失敗は敵。	成功したアントレプレナーの多くは何度も失敗している。失敗から学ぼう。恐れることはない。

どうやってアイデアを探すか

かならずしも100%のオリジナルでなくてもいいが、アイデアは必要だ。日記をつけたり、思いついたときには書き留めるようにしよう。

「あなたが夢を形にしなければ、夢を形にする誰かに雇われることになる」
——トニー・ガスキンズ・ジュニア（作家）

- 現時点ではないが、あったらいいなと思う製品やサービス。
- 既存の製品では応えきれていない、まわりの人のニーズ。
- 既存の製品やサービスをよりよくする方法。
- 消費者が情報や製品にいまより簡単にアクセスできるようにする方法。

おもしろ豆知識

- 大きく成功したければ、ガレージではじめるといいかもしれない。ガレージでビジネスをはじめたと言われている会社には、アップル、アマゾン、グーグル、ディズニーがある。
- イノベーションの世界記録を保持しているのは山崎舜平で、1万1,000以上の特許を持っている。

ここがポイント

- アントレプレナーシップとは、ビジネスのアイデアを世界に送りだそうとする一連の活動のこと。
- アントレプレナーになれば、多大な報酬と満足を手にできるかもしれないが、資金と評判のリスクも負うことになる。
- アイデアを出すために、いまはない製品やサービス、あるいは既存の製品やサービスでもっとよくなるものを思いついたら書き留めるようにしよう。

アントレプレナーには、オプラやジェフ・ベゾスのほか、大麻販売店の外でクッキーを売った、ビジネスセンス抜群のガールスカウトの子もいる。※

※ガールスカウト・クッキーという大麻がある。

起業のしかた

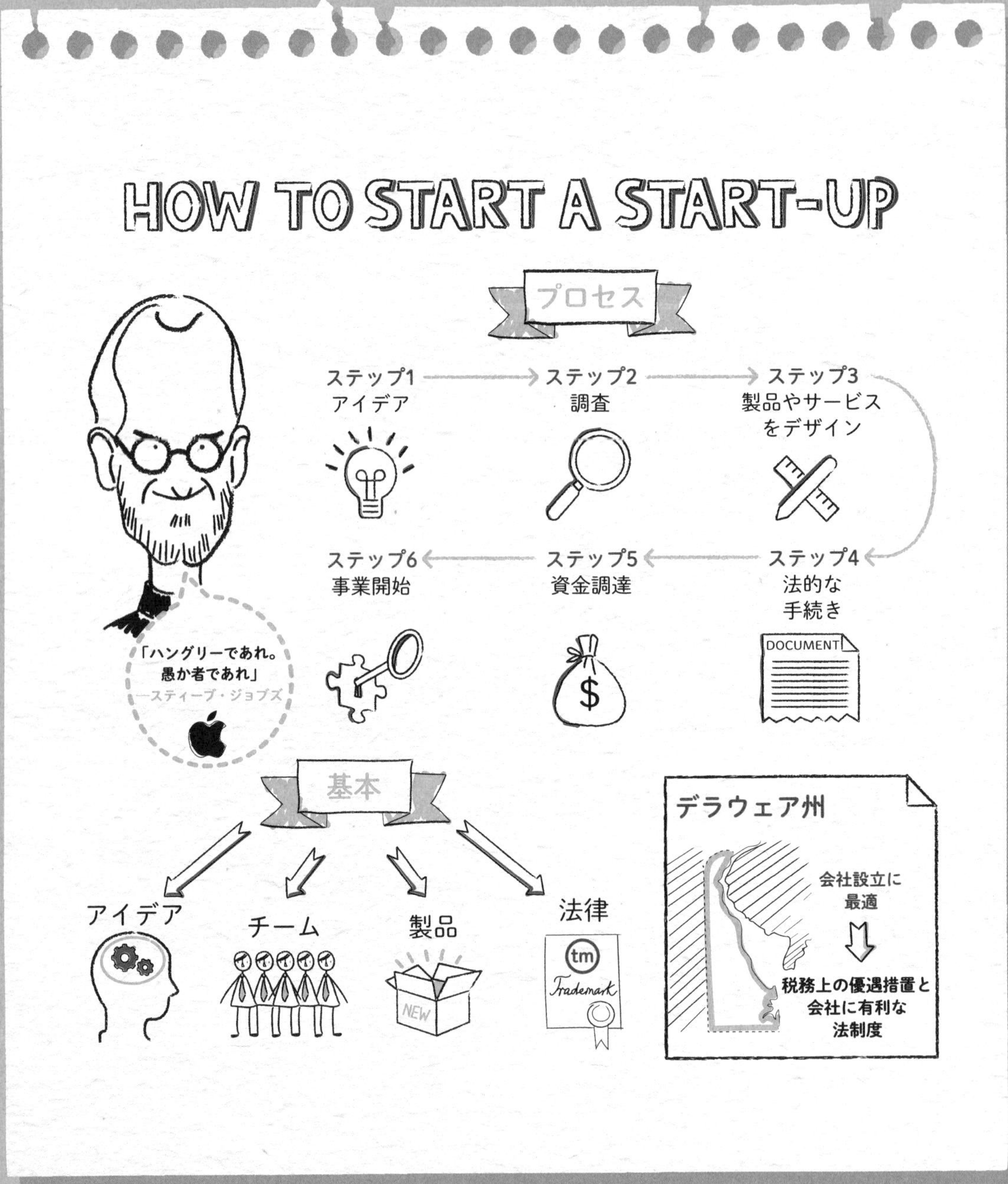

HOW TO START A START-UP
プロセス
ステップ1
アイデア
ステップ2
調査
ステップ3
製品やサービス
をデザイン
ステップ4
法的な
手続き
DOCUMENT
ステップ5
資金調達
$
ステップ6
事業開始
「ハングリーであれ。
愚か者であれ」
―スティーブ・ジョブズ
基本
アイデア
チーム
製品
NEW
法律
tm
Trademark
デラウェア州
会社設立に
最適
税務上の優遇措置と
会社に有利な
法制度

多くの起業は失敗するが、成功する起業のなかにはとてつもなく大きく成功するものも。起業すれば、経済的に報われるだけではなく、現状を打破する何かをつくりあげることができるかもしれない。世界を変える可能性すら秘めている。

起業に必要なもの

起業の形はさまざまだが、以下の4つは必要。

アイデア 既存のビジネスを破壊する、よりよい製品やサービスをつくる、人々が気づいていないニーズを満たすといったアイデアがいる。

チーム あなたを補完するスキルを持つ仲間を見つける。最初は主な3つの役割（事業、技術、創造性）を求めよう。

製品 試作品あるいはサービスの原型をつくる。もしくは最初の製品を開発するためのプランを練る。

法律 会社の種類や社名を決め、法的な手続きを行なう。

起業するまでの手順

ステップ1 アイデアを考え出す。

ステップ2 市場を調査する。ライバルは？　顧客は？　自分がつくる商品やサービスの需要は？

ステップ3 計画をつくる。製品やサービスをデザインする。

ステップ4 法的な手続きを行なう。会社の種類を決める。社名を決めて申請する。

ステップ5 資金を調達する。出資を募るか、借り入れをするか。

ステップ6 発表する。興奮を呼び起こそう。

ステップ7 ビジネスをはじめる。

ビジネスモデル

新しいアイデアは必要だが、世の中のビジネスモデルにはある程度決まったものがある。検討してみてほしい。

広告を売る

人々をひきつける無料のウェブサイトやアプリをつくり、広告とともに提供する。

市場をつくる

エッツィーやイーベイを思い浮かべてほしい。

Etsy

ebay

消費者に商品やサービスを売る

次のハンドスピナーを発明するのはあなたかもしれない。

事業者に商品やサービスを売る

特定の業界内のニーズに応える。

P2P(ピアツーピア)

エアビーアンドビーや車の相乗りサービスなど。

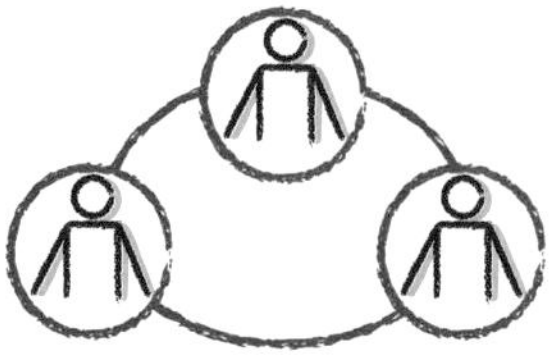

知的財産を売る

ライセンス料を取って使用を許可するものを開発する。

おもしろ豆知識

- **ユニコーン企業**（評価額が10億ドル以上のスタートアップ企業）**は、世界のどこよりもカリフォルニア州に多い。**
- **多くの企業は、設立場所にデラウェア州を選ぶ**（本社は別の場所に置いても）**。会社法が整っていて、州内で事業をしなければ法人税も課されないからだ。**

ここがポイント

- 起業すれば大成功するチャンスがある。
- 起業するにはまずアイデア、チーム、製品、それから法律面での手助けが必要。
- アイデアを考え出すのは難しいと思うかもしれないが、既存のビジネスモデルからひらめくこともある。

起業したら夜は赤ちゃんのように眠ることになる。2時間おきに目が覚めて泣きだすようになるはずだから。

事業計画書

BUSINESS PLAN

事業計画書とは

事業のロードマップ

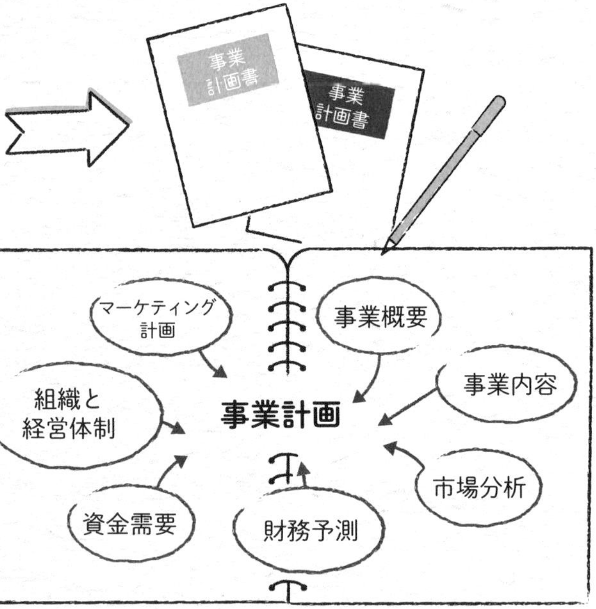

なぜ重要なのか

- 事業を導く
- 進捗を測る
- 投資家と共有する
- 従業員やパートナーを募る

こんな計画書も！ 紙ナプキンの裏に書かれた事業計画書もある

事業計画書とは、事業の展望を示した文書のこと。会社が向かう先だけではなく、夢を実現するまでの具体的なステップも示す。

なぜ重要なのか

事業計画書は次のような場面で役に立つ。

> 「われわれには戦略的なプランがある。『とにかくやること』だ」
> ―― ハーブ・ケレハー
> （サウスウエスト航空の共同創立者）

軌道に乗せる

計画があれば、事業を発展させるのに必要なステップを順を追って進められるため、つねに先を見通せる。

進捗状況を把握する

事業計画書のなかにマイルストーンを入れておけば、会社の成長をチェックできる。

投資家をひきつける

未来の支援者はその会社に現実的な計画があるのか知りたいはずだ。財務予測などについて詳細を知りたい投資家もいるだろう。

従業員やパートナーを募る

実現可能なビジョンがあれば、優秀な従業員、顧客、ビジネスパートナーを獲得するのに役立つだろう。

つくり方

事業計画書はシンプルなものにすることも、詳細まで書きこんだものにすることもできる。紙ナプキンの裏に走り書きされた事業計画書もある。その気になれば、1冊の本のようにもできる。

事業計画書に含められる項目には次のようなものがある。

事業概要 計画全体の概要。

事業内容 基本的なビジネスモデルと、会社がこれまで成し遂げてきたこと。

市場分析　ターゲットとなる顧客とライバル企業について。

組織と経営体制　会社の種類や経営陣について。

マーケティング計画　事業を周知させ、顧客を獲得する方法。

資金需要　スタートするのに必要な資金。

財務予測　最初の数年の売上と損益の見込み。

> 「何かを強く望むときの情熱を持って、計画を立てなければならない」
>
> ――エレノア・ルーズベルト
> （活動家、元ファーストレディ）

おもしろ豆知識

- **サウスウエスト航空、テレビ番組の『シャーク・ウィーク』、トリクルダウン理論、ピクサー映画の少なくとも4作品は、紙ナプキンの上で生まれたらしい。**
- **シリコンバレーでは、起業家が投資家に事業計画を売りこむとき、事実や数字を誇張すると言われている。ある起業家は言った。「シリコンバレーで正直でいることは、ステロイドを使わないオリンピック選手みたいなものさ」**

ここがポイント

- 事業計画書とはその会社のロードマップである。
- 事業計画書は、起業する自分自身だけではなく、投資を検討してくれる人、従業員、ビジネスパートナーにとっても必要。
- 詳細な事業計画書もあれば、ビジョンを記しただけの簡単なものもある。

事業計画書はあなたの会社にとってのロードマップ。婚前契約書は離婚に向けてのロードマップ。

資金調達

FINANCING A START-UP

資金調達とは

**事業を成長させるために
資金を集めること**

種類

プラス面

- ✓ 資金が増える
- ✓ 専門家に相談できる
- ✓ 市場に売りこめる

マイナス面

- ✖ 所有権と支配権を手放す
- ✖ 財務情報を開示する
- ✖ 秘密が漏れる

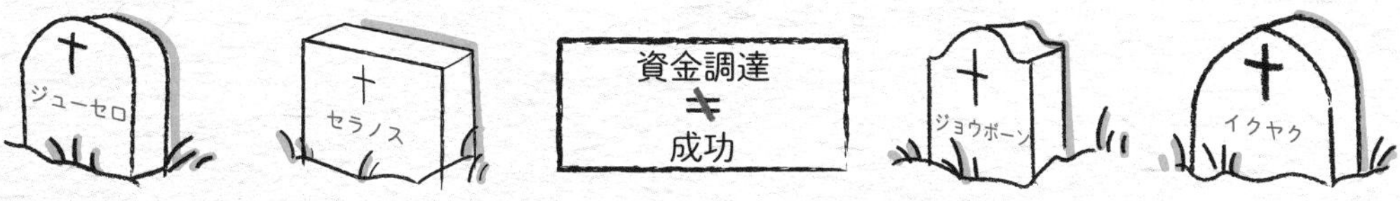

お金がかからないというビジネスでないかぎり、事業をはじめるためには資金調達する必要がある。資金調達の種類は、事業がどの段階にあるか、いくら必要か、会社の所有権の一部を手放してもいいか、といったことによって変わってくる。

資金の調達先

資金源	段階	しくみ
自分	創業期	自分の資産を使う。貯金、金融資産、自宅、場合によってはクレジットカードも。
友達、家族	創業期	事業のアイデアを信じてくれる友達や家族に頼む。
インキュベーター・プログラム	創業期	起業まもない会社を伸ばすためのプログラムに参加する。アイデアの創出やメンターとの出会いをサポートしてくれる。
クラウドファンディング	初期	クラウドファンディングのウェブサイトに事業計画を載せて、資金を募る（第11章を参照）。
一般的な金融機関	初期	銀行やクレジット・ユニオンに小規模事業ローンを申し込む。
エンジェル投資家	初期	株式と引き換えに大金を出してくれる富裕な個人投資家を見つける。
アクセラレーター・プログラム	成長期	アイデアに牽引力があれば、プログラムに参加できる。成長を促してくれる短期間のブートキャンプになるだろう。
ベンチャーキャピタル	成長期	スタートアップ企業に出資する投資会社に株式を売る。
IPO	発展期	株式を証券取引所に上場して、大勢の投資家から資金を募る。
債券	発展期	会社設立後であれば、10年か20年か30年で満期になる債券を売り、利子を支払う。

メリットとデメリット

成長を持続させるためには外部からの資金調達が重要だが、メリットとデメリットがある。

メリット	デメリット
広く資金を調達できる。	会社の所有権や会社の支配権の一部を手放すことになる。
メンターや専門家に相談できる。	財務状況を開示しなければならない。
ビジネスモデルを市場に売りこめる。	ビジネスモデルの秘密が漏れるかもしれない。

おもしろ豆知識

- **支配権を維持して報いられることもある。自然派デオドラント商品を扱うネイティヴ・デオドラントは、設立後2年半でプロクター・アンド・ギャンブルに1億ドルで売却された。そのとき創業者は会社の90%以上の株式を所有していた。**
- **ジューセロはスタートアップ企業で、パックになったジュースを絞る400ドルの機械を販売していた（いわばカプセル式のコーヒーマシンの果物と野菜版）。同社は1億2,000万ドルを集めたが、ある人がパックは手でも絞れることに気づいた。ジューセロは事業を停止した。**

ここがポイント

- ほとんどのスタートアップ企業は設立と運営に資金を必要とする。
- 資金を調達する方法はたくさんある――自分で工面する、専門の投資家を探す、銀行から借りるなど。
- 外部の投資家の参加を受け入れるということは、支配権や所有権と引き換えにリソースや専門知識を手にすることを意味する。

企業が資金を集めて運転を開始するのは難しいかもしれないけれど、縦列駐車ほどじゃない。

おさらいクイズ

1 アントレプレナーシップとは？

a アプリをつくること。
b レストランを開くこと。
c 手作りの作品をオンラインで売ること。
d 上の3つすべて。

2 アントレプレナーシップのメリットとして適当とは言えないのは？

a 利益を出し続け、成功するチャンスがある。
b 成功する確率がわかっている。
c 夢が実現する可能性がある。
d 上司の指図を受けずに、自分の思いどおりにやれる。

3 ビジネスのアイデアがあっても、一度うまくいかなかったら、そこであきらめたほうがいい。これって正しい？

正しい　　　まちがい

4 スタートアップ企業をはじめるのに必要なものは？

a アイデア、チーム、製品。
b 試作品、販路、工場。
c 強烈な宣伝文句とおばあちゃんからの出資。
d マーク・ザッカーバーグの髪の毛、イーロン・マスクの涙、ヴードゥー人形。

5 いまある会社からビジネスモデルのインスピレーションを得るのは違法である。これって正しい？

正しい　　　まちがい

6 スタートアップ企業を立ち上げるのに必要な手順は?

a　ホットドッグの早食い競争。
b　ナスダックかニューヨーク証券取引所に自社の株を上場するかどうか決める。
c　市場調査と資金調達。
d　アメリカ版SASUKEの「ニンジャ・ウォリアー」に参加する。

7 事業計画書が重要な理由として適当とは言えないのは?

a　あなたと投資家にとって、法的な拘束力のある契約になるから。
b　資金を募るにあたって、投資家を説得しやすくなるから。
c　自分のアイデアを精査できるから。
d　事業計画書とくらべて進捗確認することで、確実に事業を進めていけるから。

8 事業計画書をつくるときに気をつけるべきなのは?

a　リズミカルな文章で書く。
b　長くても短くても、自分がいいと思う量にする。
c　州企業局に提出する。
d　真剣に読んでもらいたければ、フォントはコミックサンズにする。

9 事業計画書は紙ナプキンの裏に書いてもいい。これって正しい?

正しい　　　　まちがい

10 スタートアップ企業の資金調達先として適当とは言えないのは?

a　自分の貯金。
b　エンジェル投資家。
c　株式の売出し（Secondary offering）。
d　インキュベーター。

⑪ 起業するときに外部から資金を調達するメリットは？

a　資金を広く募ることができ、ビジネスの成長を助けてくれるメンターと知りあうチャンスがある。

b　事業の運営について独立性を確保できる。

c　普段あまりつきあいのない人たちをがっかりさせる。

d　高校の卒業アルバムに「30歳になっても親と暮らしていそうな人」と書かれた汚名をそそぐチャンス。

⑫ 起業するときに外部から資金を調達するデメリットは？

a　失敗したときに投資家に返済する義務を負う。

b　所有権と支配権をあきらめる。

c　失敗したら指を何本か切り落とすことになる。

d　まだ売上もないのに創業者全員がテスラ車を持っている理由を、投資家に説明しなければならない。

⑬ IPOを行なうのは、創業してから成長を遂げた企業。これって正しい？

正しい　　　まちがい

答

[1] d　[2] b　[3] まちがい　[4] a　[5] まちがい　[6] c　[7] a　[8] b

[9] 正しい　[10] c　[11] a　[12] b　[13] 正しい

第 8 章

経済を学ぶ

GDP（国内総生産）

GDP

GDPとは

国内総生産

国の経済の総価値

GDPの
上位3カ国

なぜ重要なのか

- 経済規模
- 経済は成長？縮小？
- どのくらいの速さで？

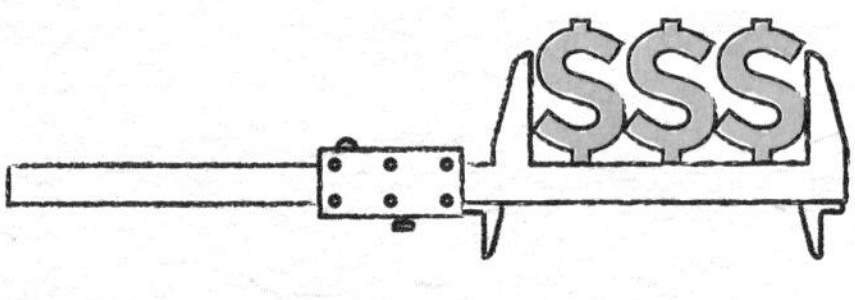

どのように測るのか

消費 ＋ 投資 ＋ 政府支出 ＋ 輸出－輸入

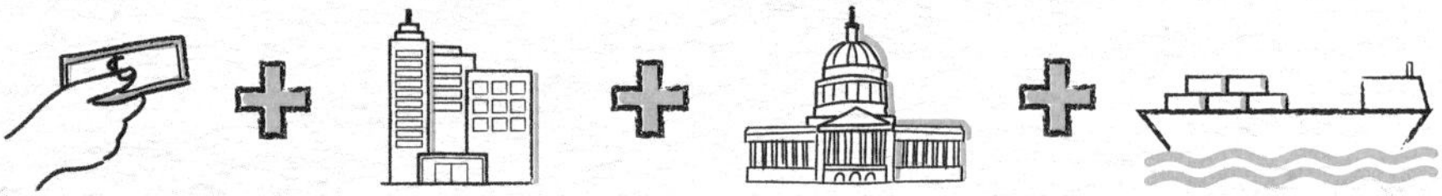

GDP（国内総生産）とは、経済の大きさを測るもの。基本的に、その1年間（あるいは一定の期間）に、その国で生産されたすべてのモノやサービスをドルに換算する。

なぜ重要なのか

GDPを追うと、次の2つがわかる。

- **その国の経済規模**
- **経済が成長しているのか、縮小しているのか、および、その成長率／縮小率**

投資家や政府をはじめ多くの人がGDPに注目している。一般に、経済を測る唯一にして最良の物差しだと思われているからだ。

経済が好調なときには、GDPは着実に伸びていき（景気拡大と呼ばれる）、失業者は減り、企業は黒字を出し、普通は株価が上がる。

これと逆の状況になるのが、経済が縮小するときで、景気後退（リセッション）と言われる。失業者は増え、企業の収益は落ちこむ。ここで対策を怠れば、景気後退はデス・スパイラルへと突入する（世界恐慌を思い出して）。政府はGDPを注意深く見守り、景気後退の兆候をチェックしながら、事前に対策を取れるように備えている。

計算方法

GDPを構成するのは基本的に次の4つ。

消費 人々が購入するすべて（新しい車、セーター、食料品など）がGDPに加わる。

投資 企業が新しい工場を建てたり、新しいマンションが建設されると、ここに計上される。

政府支出 連邦政府による軍事費から地方自治体による道路の補修費まで、政府の支出はすべてここに含まれる。

輸出－輸入 モノやサービスの輸出が輸入を上回るときには、その超過部分がGDPに加えられる。輸入超過（貿易赤字）のときには、差額はGDPからマイナスされる。

おもしろ豆知識

- アメリカのGDPは約20兆ドルで世界一。中国、日本がそれに続く。
- もしカリフォルニア州が国だったら、その経済規模は世界5位で、イギリス、インド、フランスを上回る。
- GDPには正規の取引しか含まれない。つまり、違法薬物の売買、売春、近所の子どもの面倒を見てもらったお小遣いなどは含まれない。

ここがポイント

- GDPは経済規模を測る。
- 投資家はGDPを注視して、経済の行方を示すシグナルを探す。
- GDPには個人、企業、政府が購入したモノやサービスは含まれるが、闇市場での取引や違法行為は含まれない。

アカデミー賞の授賞式に出席する女優さんたちのヘアメイクの予算って、小さな国のGDPを束にしてもかなわないよね？

インフレーション

INFLATION

インフレとは

時間の経過とともに物価が上がること

要因

強い
経済

エネルギー
価格

政府
の政策

インフレを測る

CPI＝消費者物価指数

良い面/悪い面

良い面

- ＋ 給与アップ
- ＋ 経済成長
- ＋ 借り手に有利

悪い面

- － 出費アップ
- － 行きすぎると成長に悪影響
- － 貸し手に不利

こんな指数も!

ビッグマック指数

世界中のビッグマックの
値段の変化を追う

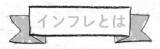

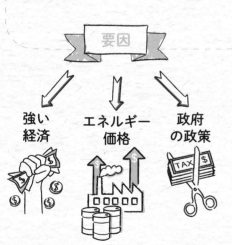

1980年、映画のチケットは3ドルしなかった。最近は平均で9ドルはする。このように時間の経過とともに価格が上がることをインフレーションと言う。

なぜインフレが起こるのか

インフレの発生にはさまざまな要因があるが、次のようなものがある。

好調な経済 一般的に、経済成長は多少なりともインフレにつながるとされる。企業の業績が良ければ、従業員の給与も上がるだろう。仕事が安定していると感じれば、人々の財布のひもはゆるむ。消費が増えれば、価格は上がっていく流れになる。

エネルギー価格 経済は石油やほかの資源にさまざまな形で影響される。エネルギー価格が上昇すれば、原材料費、輸送費、店舗の光熱費なども上がる。そうすると、製品やサービスの価格も上がることになる。

政策 政府が減税したり、金利を下げたり、紙幣を印刷したりすると、経済成長とインフレが進む。

インフレは良いことなのか

> 「インフレとは、髪の毛があったときには5ドルだった10ドルの散髪代に15ドル払うこと」
> ——サム・ユーイング
> （野球選手）

1980年代のように映画のチケットが3ドルで、家が10万ドルで買えたらいいと思うかもしれない。しかし、インフレには経済の車輪に油をさす役割もある。それにある程度インフレのほうが、デフレ（物価が下がる）のリスクにさらされるよりはいい。デフレになると、本格的な不景気に突入する可能性があるからだ。

政府の政策はインフレに影響する（本章の「連邦準備制度」を参照）。多くの国がインフレ率2%程度を目標としている。それくらいの数字が、ゆるやかで着実に進む、ちょうど良いインフレだと思われている。

どのように測るか

政府はインフレを物価指数で測る。流れとしては次のとおり。

ステップ1 経済の専門家は、一般的な家庭が一定の期間に購入するモノやサービスを入れた買い物かごを想定する。

ステップ2 この買い物かごに入ったモノやサービスの値段の変化を追う。

ステップ3 買い物かごの中身は人々の購買の変化とともに調整されることがある。また、価格も品質の向上に伴って調整されることがある（折り畳み式の携帯電話ではなく、スマートフォンに高いお金を出すのはインフレのせいだけではなく、モノの性能が上がったから）。

インフレを測る主な指数に、消費者物価指数（CPI）※がある。

おもしろ豆知識

- **消費者物価指数のほかに、物価の変動を測定する指数として、ビッグマック指数がある。名前から想像できると思うが、さまざまな国でビッグマックの値段がどう変わっていくか見ていくというもの。**
- **消費者物価指数はよく議論の的になる。ある専門家は、恣意的に低くなるように計算されていると主張する。インフレ率の上昇とともに、支払いが増加する費用（社会保障費など）もあるため、インフレ率を低くすれば政府のコストが抑えられるからだ。**

ここがポイント

- インフレとは時間の経過とともに物価が上がること。
- 物価が上がるのは悪いことのように思えるかもしれないが、ゆるやかなインフレは、一般的に経済にとって良いことだと見なされている。
- 経済成長、政府の政策、エネルギー価格などは、インフレ率に影響を与える。

インフレなんて最悪。みんながリッチになるけど、高くて何も買えないんだから！

※ちなみに日本では、総務省が毎月発表している。

景気後退（リセッション）

RECESSION
リセッションとは
経済が縮小する局面のこと
何が起きるか
消費意欲の冷えこみ
消費の落ちこみ
人員整理
株価の下落
銀行の貸し渋り
悪循環
隣人が失業すれば景気後退。
自分が失業すれば恐慌。
―ハリー・トルーマン
アメリカの景気後退
平均で1年半
原因
$
バブル崩壊
金利の上昇
インフレ
原油価格
大きな事件

景気後退（リセッション）とは、経済が縮小する局面を指す。具体的には、GDPが2四半期連続でマイナス成長になったときとされている。

何が起きるか

景気後退とは経済の下方スパイラルである。ゆるやかな下降なら、数カ月で自然に（あるいは政府の助けにより）立ち直ることもある。一方で、急激に落ちこむことも。一般的には次のような経過をたどる。

消費意欲の冷えこみ 消費者や企業が経済について心配しはじめる。心配すると、財布のひもは固くなる。

業績の悪化 消費者や企業が支出を控えると、企業の収益は落ちこむ、あるいは赤字になる。

失業者の増加 収益が悪化すれば企業はコストカットする（人員整理など）。

株価の下落 企業の業績が悪くなれば、株式の価値も下がる。株価下落は事態を一層悪化させる。消費者や企業のマインドはさらに冷えこみ、さらにお金を使わなくなる。

銀行の貸し渋り 経済が落ちこむと、銀行は貸付金が回収できないのではないかと心配する。貸し出しの減少もまた事態を悪化させる。

景気後退の原因

景気後退の原因は複雑で、専門家のあいだでも意見は一致していない。考えられる原因には次のようなものがある。

バブル崩壊 ある投資の価格が実際の価値を超えて跳ねあがることをバブルと言う。このバブルがはじけたとき、価格は急激に下落し、それが引き金になってほかの価格も下落する。

金利の上昇 高金利は経済にブレーキをかける。

インフレ インフレが進みすぎると、経済が円滑にまわらなくなる。

原油価格 過去の景気後退のなかには、原油価格の突然の高騰が原因の1つと見られるものがいくつかある。

大きな事件 9・11のテロ事件は、株式市場の混乱と消費意欲の落ちこみを引きおこし、2001年の景気後退につながったと見られている。

景気後退からの脱却

経済は成長と後退のサイクルで動いている。アメリカの景気後退は、政府の経済対策の後押しもあり、かならず終わりを迎えてきた。

おもしろ豆知識

- **アメリカの景気後退は平均で1年半ほど続く。**
- **2007年から2009年の大不況では、アメリカの銀行は500行以上が倒産した。世界恐慌のときには7,000行が倒れた（おかげで連邦預金保険公社がある）。**

ここがポイント

- 景気後退とは経済が縮小する時期のこと。
- 景気後退の期間は、消費意欲が落ちこみ、収益が減り、所得は伸びず、失業が増える。
- 景気後退の局面にいるときは恐ろしく感じるが、アメリカのこれまでの景気後退にはかならず終わりがあった。

慎重に計画を立てて、一生懸命に働き、ネットフリックスのアカウントを5人で共有して景気後退を乗り切ろう。

連邦準備制度

THE FED

連邦準備制度とは

アメリカの中央銀行制度

経済と金融システムを円滑に機能させる

アラン・グリーンスパン
元連邦準備制度
理事会議長

使命

雇用を最大化する　　**インフレを調整する**

どうやって？

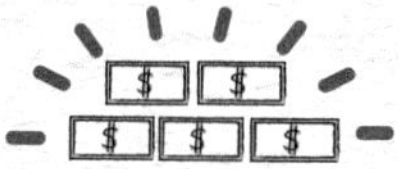

投資資産を売買

短期金利の調整

その他必要に
応じて対応

政治的？

議長は大統領に指名されるが、政治的には独立していなければならない

連邦準備制度とは、アメリカの中央銀行制度である。国の経済と金融システムを円滑に機能させる役割を担っている。

2つの使命

連邦準備制度の目標は2つ。

- **持続可能な雇用を最大化する。**
- **物価の安定（インフレを調整するなど）と適度な長期金利を推進する。**

使命達成のための手段と方法

手段	方法	理由
金利	連邦準備制度は短期金利を調整する。 住宅ローンやクレジットカードの金利を直接調整することはないが、影響を及ぼす。	低金利は経済成長とインフレを加速させる。 金利を上げるとブレーキをかけることになる。
市場操作	連邦準備制度は、アメリカ国債や、場合によってはその他の投資資産を売買できる。	連邦準備制度は長期の債券を買い入れて、長期金利を押し下げ、経済を活性化させる。 有価証券の買い入れは、経済に資金を供給する効果がある。そのため、連邦準備制度は「紙幣を印刷している」と言われる。 2008年から2009年の金融危機の際には、経済を支えるために住宅ローン担保証券を数兆ドル買い入れた。
柔軟な対応	経済が苦境に陥ったときには、連邦準備制度は独創的な手段を取ることができる。	金融危機の際には、大量の銀行が破綻するのを防ぐために合併を指揮した（破綻しそうな銀行は買収されて存続する）。

独立性について

連邦準備制度は、政府与党の意向に反する策（経済が過熱しているときに金利を上げるなど）を取ることもあるため、政治的に独立していなければならない。それなのに、連邦準備制度理事会の議長は大統領によって指名される。大統領が影響力を行使しようとしているという話がないわけではない。

おもしろ豆知識

- **連邦準備制度が紙幣を印刷しているというのは比喩で、実際に刷っているのは財務省である。**
- **連邦準備制度が金利の引き下げを発表したり、におわせたりすれば、株価は上がり、金利を引き上げると言えば下がる。トレーダーは、連邦準備制度の次の一手のヒントを求めて、元理事会議長のアラン・グリーンスパンの動き――眉の動きにいたるまで――を注視していた。**

ここがポイント

- 連邦準備制度はアメリカ経済と金融システムの機能の維持を目的としている。
- 連邦準備制度は必要に応じて金利を調節したり、金融システムに影響を及ぼすさまざまな対策を取る。

連邦準備制度はアメリカ経済の行方を左右する。あなたの恋愛を左右するマッチング・アプリみたいにね。

おさらいクイズ

1 GDPとは?

a　Growth of Demand for Products（生産需要成長）　モノやサービスの需要が前年にくらべてどのくらい増えたか示すもの。

b　Gross Domestic Product（国内総生産）一定期間に国が生産したモノやサービスの価値の合計。

c　Gross Daily Profits（日次総利益）　国内で生まれた1日の平均利益。

d　Government Doing Pranks（政府のどっきりチャンネル）　政府のユーチューブ・チャンネルの名前。閣僚がパルクールに挑戦！

2 GDPはあるものを測る唯一の指標だとされている。それはどれか。

a　経済の動向。

b　インフレ水準。

c　英語の学位を取るメリット。

d　プロムの相手が見つかる確率。

3 GDPの構成要素に含まれないのは?

a　投資。

b　政府支出。

c　地下経済における取引。

d　輸出ー輸入。

4 中国の経済は世界最大である。これって正しい?

正しい　　　　まちがい

5 インフレとは?

a 政府がGDPを意図的に増やすこと。
b マッチング・アプリの相手が身長を実際より高く言うこと。
c ブリートを食べすぎること。
d モノやサービスの価格が時間の経過とともに上がること。

6 インフレは良いこと? 悪いこと?

a どんなときでも悪いに決まっている。値段が上がってみんなものを買えなくなるから。
b 安定的に上昇するなら良いこと。
c デートのときにはヒールのある靴を履きたいからうれしくない。
d 自己嫌悪に陥るから悪いこと。

7 デフレとは?

a アメリカンフットボールで故意にボールの空気圧を低くすること。
b 自信を失うこと。
c 経済成長がマイナスになること。
d モノやサービスの価格が時間の経過とともに下がること。

8 景気後退になるとどうなる?

a 経済成長がマイナスになる。
b 失業率が下がる。
c お気に入りのドラマの新シーズンがはじまるのを待つ。
d 髪の毛よ、さようなら。

9 景気後退になると起こる事象として適当とは言えないのは?

a 株価が下がる。
b 失業する。
c 政府が活動を停止する。
d 銀行の貸し出しが減る。

10 アメリカの景気後退にはかならず終わりがあった。これって正しい？

正しい　　　まちがい

11 連邦準備制度とは？

a　アメリカの中央銀行制度。
b　アメリカの通貨を発行する機関。
c　ニコラス・ケイジの映画。
d　国の予備の給水設備。

12 連邦準備制度の主な目的は？

a　舵を握っている人がいるように見せる。
b　GDPの伸び率を最大にする。
c　持続可能な雇用を最大化し、インフレを調整する。
d　マーク・ザッカーバーグといっしょにセルフィーを撮る。

13 連邦準備制度が目的を達成するために使える手段やツールは？

a　景気後退で従業員を解雇した会社にペナルティを課す。
b　短期金利を調整したり、有価証券を売買する。
c　経済が苦しいときには、空からお金を詰めた袋を投げおとす。
d　イケアの六角棒レンチ。

14 連邦準備制度は、場合によっては経済成長にブレーキをかけなければならないこともあるので、政治的に独立しているべきだ。これって正しい？

正しい　　　まちがい

---

[1] b　[2] a　[3] c　[4] まちがい　[5] d　[6] b　[7] d　[8] a　[9] c
[10] 正しい　[11] a　[12] c　[13] b　[14] 正しい

第 9 章

財務諸表を読む

財務諸表

FINANCIAL STATEMENTS

財務諸表とは

企業の財政状態と財務成績を明らかにする**報告書**

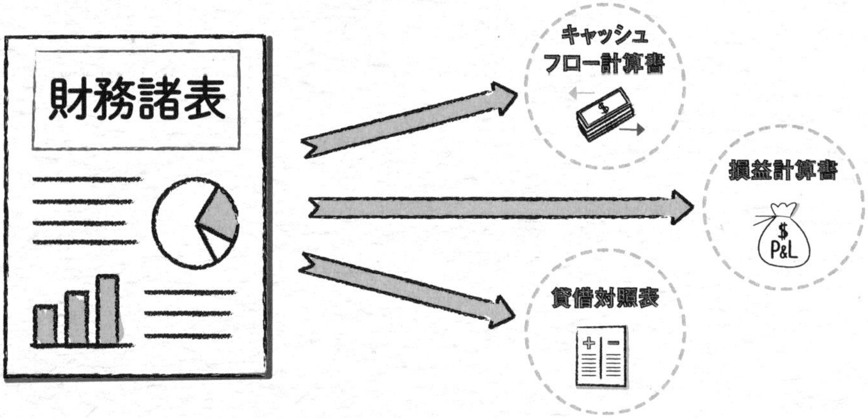

利用するときのポイント

→ 内部

- 順調に成長？
- 現金は十分？
- 資産管理は適切？

← 外部

- 投資に値する？
- 経営は大丈夫？
- 不正はない？

財務諸表とは、企業の業績をまとめた報告書。

種類

企業は基本的に3つの計算書をつくる。

名称	何を示しているか	なぜ必要なのか
貸借対照表	ある時点に所有している資産と負債。	負債に見合った資産を持っているかどうかがわかる。
損益計算書	一定期間（たとえば1年）の売上、費用、利益。	利益の動向は外部の投資家にとっても、その企業にとってもきわめて重要。
キャッシュフロー計算書	一定期間に流入した現金と流出した現金。	利益が示すものと現金が示すものは異なるが、どちらも重要。たとえば、キャッシュフロー計算書は、売上をきちんと回収できているかどうかがわかる。

なぜ重要なのか

企業にとって財務諸表が有用なのは、次のようなことがわかるから。

- **好調な事業と不調な事業。**
- **全体の利益が増えているのか、減っているのか、そしてその額。**
- **事業を進めるための現金が十分にあるかどうか。**
- **負債の額は適当か。**

投資家や監督機関など外部の者も、次のような目的で財務諸表を利用する。

- **その企業の株式を買うかどうかを判断する。将来利益を予想する。**
- **借金を返済する能力があるかどうかを判断する。**

- 不正をしていないことを確認する。
- 経営者が重点的に投資する部門について適切な判断をしているか確認する。

おもしろ豆知識

- 会計不正の古典的な手法として、通常の費用を投資に計上するというやり方がある。損益計算書の費用に計上されないので、その分利益を押し上げることができる（ワールドコムを忘れちゃいけない）。
- アカデミー賞の票の集計は会計士が行なっている（『ラ・ラ・ランド』がまちがって作品賞と発表されたのは、会計士のせい）。

ここがポイント

- 財務諸表は企業の財務成績を明らかにする。
- 主な計算書は、貸借対照表、損益計算書、キャッシュフロー計算書の３つ。

財務諸表は、ビジネスの世界における「元気？　調子はどう？」の答え。

損益計算書（PL）

PROFIT & LOSS (P&L)

損益計算書とは

企業の収入と費用 ➡ 一定の期間

中身

売上
－　費用
＝　純利益
または 純損失

なぜ重要なのか

儲かったか？

費用に変化はないか？

いちばん利益が出る商品は？

投資先としてどうか？

⇩ 最終損益を意味する「ボトムライン」という言い方は損益計算書からきている。

損益は計算書の最後の行にあるから。

損益計算書とは、一定期間に企業が得た収入と負担した費用を示したもの。
基本的な計算式は次のとおり。
収入（売上）−費用＝損益（純利益／純損失）

損益計算書の中身

収入（売上）はわかりやすい。その会社が主たる事業活動においていくら売ったかを示したものだ。衣料品店なら、一定期間に売り上げた商品の値段（返品や値引き後）の合計である。

費用にはさまざまな経費が含まれる。

- **販売したものの原価（たとえば、売った衣料品の仕入れ値）**
- **従業員の給与**
- **賃貸料、水道光熱費、マーケティング費用のほか、事業を運営するのにかかる基本的な経費**
- **減価償却費（たとえば店がトラックを所有していたとする。1年ごとにトラックは古くなり、少しずつ価値は失われていく。この損失分が減価償却を通じて計上される）**
- **借入金の利子**
- **税金**

なぜ重要なのか

損益計算書の主な役割は、一定期間にその事業で儲かったのかどうか、そしていくら儲けたのか（あるいは損したのか）を把握すること。賢明な投資家なら、実際に資金を投入する前に、過去数年分の損益計算書を見たがるだろう。

経営者であれば、事業全体ではなく個別に利益を把握すると、業績改善に役立つ。たとえば、衣料品店でアクセサリーの利益率が25%、ジーンズが10%だった場合、アクセサリーのほうが売れ行きが良ければ、ジーンズの取り扱いを減らして、アクセサリーを増やそうということになるかもしれない。

おもしろ豆知識

- テスラは一度も年間で黒字になったことがないにもかかわらず、会社には数百億ドルの価値がある。いつか巨大な利益を生むと投資家が信じているからだ。
- タイコの元CEOデニス・コズロウスキが、会社のお金で不正に購入したもののなかには、6,000ドルの金色とワインレッドのシャワーカーテンがある（刑務所に行く前の話）。

ここがポイント

- 損益計算書は、企業の一定期間の売上、費用、損益を示す。
- 損益計算書はその会社にも、外部の投資家にも有益な情報をもたらす。損益計算書を見て会社は事業運営を考え、投資家は投資先として適当かどうか考える。

愛さないよりは、愛して失うほうがいい。収益が上がらないよりは、収益を上げて失ったほうがいい。

貸借対照表（BS）

BALANCE SHEET

貸借対照表とは

ある時点における企業の**資産**と**負債**を示したもの

資産	＝	負債	＋	資本
現金		借入		資本金

機械		買掛金		剰余金
		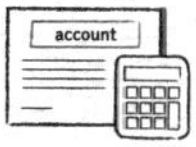		
土地		未払税金		

注意

貸借対照表に載っていないものもある

なぜ重要なのか

- 財政状態の確認
- 融資の判断
- 企業価値の測定
- 経年変化の把握

貸借対照表とは、いわば財政状態のスナップ写真。企業や個人がある時点で持っている資産と負債を表現している。

基本

貸借対照表ではかならず次の等式が成りたつ。

資産＝負債＋資本

資産は経済的便益を現在あるいは将来にもたらすもので、負債は、企業（あるいは個人）に将来、資源の流出を求めるものである。資本は所有権を意味し、資産から負債を引いたものとなる。

貸借対照表の中身

貸借対照表には次のような項目が含まれる。

資産	負債	資本
現金 売掛金 商品 機械装置 土地	借入金 買掛金 未払給与 未払税金 前受収益	資本金（株主が会社に払い込んだもの） 剰余金（利益剰余金など）

目的

投資家

・株式の価値を知る。

・健全な財政状態にあるかどうか判断する。

金融機関

・新規で融資するかどうか決める。

・既存の貸し付けについて回収の見込みを検討する。

企業関係者

・予想される費用に備えて、十分な手元現金があることを確認する。
・資産と負債を前年と比較して変動を把握する。

> 「誰かの負債はほかの誰かの資産」
>
> ——ポール・クルーグマン（経済学者）

おもしろ豆知識

- **貸借対照表にはすべてが載っているとはかぎらない。たとえば、人気のブランドや優秀な従業員が大きな利益をもたらしていても、資産としては計上されない。**
- **帳簿を改ざんすることを「cook the books」と言うが、料理の世界で会計不正があって生まれたわけではない。Cookには、もともと「ごまかす」「でっちあげる」といった意味がある。**

ここがポイント

- 貸借対照表は、企業や個人のある時点での資産と負債を示す。
- 貸借対照表は投資家、金融機関、企業関係者がさまざまな目的で使用する。

貸借対照表（バランスシート）——ピクニックのレジャーシートにも使えたら、もっと人気でるかも。

負債

LIABILITY
負債とは
個人や企業が
負う責務
良い？悪い？
事業の成長に
役立つ
将来返済しな
ければならない
種類
個人
BANK NAME
1234 5678 9876 5432
CARDHOLDER
クレジットカード
の借り入れ
学生ローン
住宅ローン
将来の約束
企業
社債
社債
借入
借入金
TAX
税金
年金の支払い

負債とは、企業あるいは個人に将来、資金あるいは資源の流出を求めるもの。たとえば、学生ローンは将来返さなければならないので負債である。

種類

企業にも個人にも、さまざまな負債がある。

企業	個人
社債 仕入れ先に対する債務 従業員に対する債務 税金 退職者への年金	クレジットカードの借り入れ 学生ローン 住宅ローン 未払いの請求書 将来実行すると約束したもの

負債は悪者なのか?

「負債」と言うと何か悪いもののように聞こえるけれど、役に立つこともある。学生ローンを借りれば、大学に行けて、最終的には稼げるようになるかもしれない。

企業が事業の成長のために借金をすれば、最終的には強固な財務基盤がつくれるかもしれない。業績が好調なために、税金を払わなければならなかったり、従業員に対する債務が発生したりするなら、かならずしも悪いものとは言えないだろう。

負債を見れば将来の資金流出が予想できるが、だからと言って負債は大きいほうが悪いとも言えない。

おもしろ豆知識

- **お金を受け取って負債になることもある。事前に支払いを受けたときには、前受収益として負債に計上することになる**（相手に借りがあることになるから）。
- **昔からある会計不正の１つに、別法人を設立して不良資産を売却したり、代わりに借金を負わせたりするという方法がある。新設法人を法的に切り離すことができれば、親会社は財務諸表に情報を載せる必要がなくなるかもしれない**（エンロンを忘れちゃダメ）。

ここがポイント

- 負債とは、個人や企業が将来、支払いやなんらかの行動をしなければならないもの。
- 借入金はどんなものでも負債に分類される。将来なんらかのサービスを提供するという約束も同じ。
- 負債はお金を借りていることを示すものだが、多額の負債だからといってかならずしも悪いものとはかぎらない。

負債――消えてなくなればいいのに。あと、友人の結婚式で酔っぱらった思い出も。

おさらいクイズ

1 企業が社内で財務諸表を利用する目的は?

a 大量の紙を盗んだ人を見つけるため。
b 毎月のトイレットペーパーの使用量を確認するため。
c どのような会計不正なら見つからないか検討するため。
d どの商品やサービスが売れているか確認するため。

2 外部の人が財務諸表を利用する目的は?

a なりすまして税金の還付を受けるため。
b 取締役会の熱心さを判定するため。
c 弱点を見つけて破壊するため。
d 投資するかどうか決めるため。

3 財務諸表に含まれないものは?

a 貸借対照表
b 損益負債計算書
c キャッシュフロー計算書
d 損益計算書

4 PLと損益計算書は同じもの。これって正しい?

正しい　　　　まちがい

5 損益計算書の基本等式は?

a 収入ー費用＝損益
b 資産＝負債＋資本
c お金＝幸せ
d 初期のビットコイン＋グーグルのIPO＝ヨット

6 費用に含まれるのは？

a　オフィスでの役に立たない世間話の時間。
b　オンラインゲーム「ファンタジー・フットボール」で出した損失。
c　従業員の給与と販売した商品の原価。
d　株主への配当。

7 利益を出していない会社の株は価値がない。これって正しい？

正しい　　　まちがい

8 貸借対照表が示すのは？

a　一定の期間内の流入と流出。
b　ある時点における企業の資産と負債。
c　昨年、企業が費用として支払ったもの。
d　企業のpHバランス。

9 資産に含まれないものは？

a　現金
b　機械
c　従業員の学歴
d　土地

10 資本は資産と負債の差額である。これって正しい？

正しい　　　まちがい

11 企業の負債に含まれるのは？

a　商品の原価。
b　会社行事で従業員の配偶者と会話する義務。
c　ミレニアル世代の従業員のためのシラチャソース代。
d　仕入れ先や従業員などに対する債務。

12 個人の負債に含まれるのは?

a クレジットカードの借り入れや学生ローン。

b 401kへの拠出金と、貯蓄用の口座への自動送金。

c 酔うとかならず元恋人に連絡してしまうこと。

d 消し忘れたブラウザの履歴。

13 終了していない仕事の代金を先にもらうと負債になる。これって正しい?

正しい　　まちがい

答

[1] d　[2] d　[3] b　[4] 正しい　[5] a　[6] c　[7] まちがい　[8] b

[9] c　[10] 正しい　[11] d　[12] a　[13] 正しい

第 10 章

未来のお金を知る

暗号通貨

CRYPTOCURRENCY

暗号通貨とは

電子的に送金できるデジタル通貨のこと

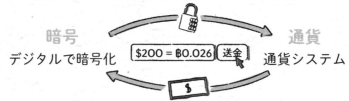

暗号
デジタルで暗号化

$200 = B0.026 送金

通貨
通貨システム

暗号通貨	VS	伝統的通貨
分散		集中
デジタル上の交換手段		物理的な交換手段
供給に制限あり		供給に制限なし
最新		昔からある
匿名		非匿名

リスク

- ハッカー
- 詐欺
- 自己責任
- ボラティリティ

例

ビットコイン　イーサリアム　リップル　ビットコインキャッシュ　イオス　ステラ　ライトコイン　カルダノ　アイオタ　テザー

暗号通貨とは、世界中のどこにでも電子的に送金できるデジタル通貨のこと。

暗号通貨と伝統的通貨

暗号通貨とは、高度な暗号化のしくみ（だから暗号通貨と呼ばれる）とオンライン上のユーザーネットワークを基本としたもので、伝統的な通貨は、政府がその価値を保証したもの。両者の違いは次のようになる。

「技術革新によって、より早く、より安全に、より効率的に支払いをするしくみができれば、仮想通貨は長期的な発展を遂げる可能性がある」

——ベン・バーナンキ
（元連邦準備制度理事会議長）

暗号通貨	伝統的通貨
分散：暗号通貨は個人、政府、企業に管理統制されない。	集中：伝統的通貨は政府によって発行、管理されている。
デジタル：オンライン上にだけ存在し、オンライン上だけで取引される（ただし、ビットコインのように、実物のコインを記念に販売する会社はある）。	実物：銀行口座のようにデジタルでも存在するが、実物の紙幣やコインとしても存在する。
供給に制限あり：暗号通貨の多くは、価値を保つために、供給が制限されている。	供給に制限なし：政府はいつでも紙幣を刷れる。そのためインフレにより価値を失うことがある。
匿名：暗号通貨の取引は個人が特定されないようになっている。	非匿名：原則として取引が追える。
最新：最初の暗号通貨ビットコインは2009年に登場した。	定着：はるか昔からある。

一獲千金／高リスク

暗号通貨は刺激的だが、金融の世界では論争も起きている。

通貨の価値が跳ねあがり、ほぼ一夜にして億万長者になった投資家もいる。しかし、大きなリターンの可能性があるということは、大きな損失の可能性もあるということ。暗号通貨のリスクには次のようなものがある。

ハッカー 暗号通貨が保管されるデジタル・ウォレットはハッキングに弱い。

詐欺 新しい暗号通貨ができたと偽の宣伝をして、資金を集めてすぐに消える詐欺事件が起こるかも。

自己責任 保有している暗号通貨の価値が明日ゼロになったとしても、どうすることもできない。

ボラティリティ 暗号通貨は一瞬にして、ゼロから数千ドルまで跳ねあがったり、暴落したりする。その動きの激しさは、株式市場がおとなしく見えるほど。

おもしろ豆知識

- **2019年現在、2000種類以上の暗号通貨があり、その規模は1,000億ドルを超える。**
- **最近の暗号通貨長者には、カードゲームの「マジック：ザ・ギャザリング」の愛好者が多い。そのため暗号通貨の投資家から関心が集まり、もっとも高価なカードは、ここ数年で10倍の値段に跳ねあがっている。**
- **暗号資産を増やす方法をお探しなら、「クリプトキティーズ」を試してみては？　ブロックチェーンを活用したゲームでデジタルのネコを売買する。1匹に17万ドルの値がついたこともある。**

ここがポイント

- 暗号通貨はユーザーのネットワークを通じてオンライン上に存在するデジタル通貨である。
- 伝統的通貨と違い、暗号通貨は政府機関に管理統制されることはない。
- 暗号通貨で一夜にして大金持ちになる投資家もいるが、投資には大きなリスクがある。

バーキンと違って、暗号通貨の偽物はつくれないんだって。

ビットコイン

BITCOIN
誰が開発？
不明
サトシ・ナカモトと名のる人物
ビットコインとは
もっとも有名な暗号通貨
デジタルマネー
P2Pで取引
特徴
スピード
匿名
手数料無料
銀行口座不要
分散管理
世界で利用可能
リスク
ボラティリティ
保管場所
ビットコインウォレット
btc 2.08454166
入手方法
購入
受取
マイニング

ビットコインは世界ではじめてつくられ、おそらくもっとも成功した暗号通貨。

成功への道のり

> 「Eメールが郵便に対してしたようなことを、ビットコインは銀行に対してするだろう」
> ——リック・ファルクヴィンゲ（テクノロジーの扇動者）

2008年　世界経済は混乱し、それまでの金融システムに対する信頼は揺らいでいた。サトシ・ナカモトと名乗る人物（本名不明）が、P2P（ピアツーピア）のデジタル通貨のしくみを記した論文を発表。

2009年　ナカモトがビットコインの最初のブロックをマイニング（採掘）する。これは新しい通貨がはじめて発行されたのと同じ意味を持つ。ビットコインとドルの交換レートが決まり、ビットコインが買えるようになる。

2010年　フロリダのある男性がピザ2枚を1万ビットコインで買い、モノの購入にはじめて暗号通貨が使われる。

2012－13年　1ビットコインの価格が100ドルを超え、さらに1,000ドルになる。

2014－18年　ビットコインが広まり、ペイパルなどで支払い方法として認められるようになる。2018年には20人に1人のアメリカ人が所有している。

入手方法

ビットコインの入手方法は3つある。

> 「ビットコインはコンピューターオタクにとっての金（きん）」
> ——スティーヴン・コルベア（コメディアン）

購入する　ビットコインは、ビットコイン以外の通貨（たとえばドル）で購入できる。ユーロとドルを交換するのと同じだ。

受け取る　モノやサービスの販売で、対価としてビットコインを受け取ることが可能。

マイニングする ビットコインのマイナー（採掘者）になることもできる。コンピューターで複雑な計算処理を大量に行ない、報酬としてビットコインをもらう。

激しい浮き沈み

ビットコインは暗号通貨のなかでいちばん人気があるかもしれないが、安定しているとはとても言えない。誕生してから短い歴史のなかで、1ビットコインが0.01ドル以下だったこともあれば、2万ドルまで上がったこともあり、その直後に80%下落したこともある。

おもしろ豆知識

- **前述したフロリダでピザをビットコインで買った人は、そのビットコインを使わずに所有し続けていれば、2,000万ドル以上になっていただろう。**
- **ウェールズに住むある男は、コンピューターのハードドライブを捨ててしまい、1億ドル以上のビットコインを失った。ハードドライブはいま、ゴミの埋立地に眠っている。**
- **映画『ソーシャル・ネットワーク』で有名な双子のウィンクルヴォス兄弟は、ビットコインに投資し、一時期ビットコイン長者になっていたという（ビットコインが暴落する前の話）。**

ここがポイント

- ビットコインははじめてつくられた、そしてもっとも有名になった暗号通貨。
- 大手企業のなかにはビットコインで取引できるところもあるが、まだ一般的とは言えない。その価格は大きく変動する。
- ビットコインの入手方法には、購入する、受け取る、マイニングする、がある。

ビットコインをちょっとかじった人が、まだ知らない人に説明するときって、どうしてドヤ顔になるの？

ICO（新規仮想通貨公開）

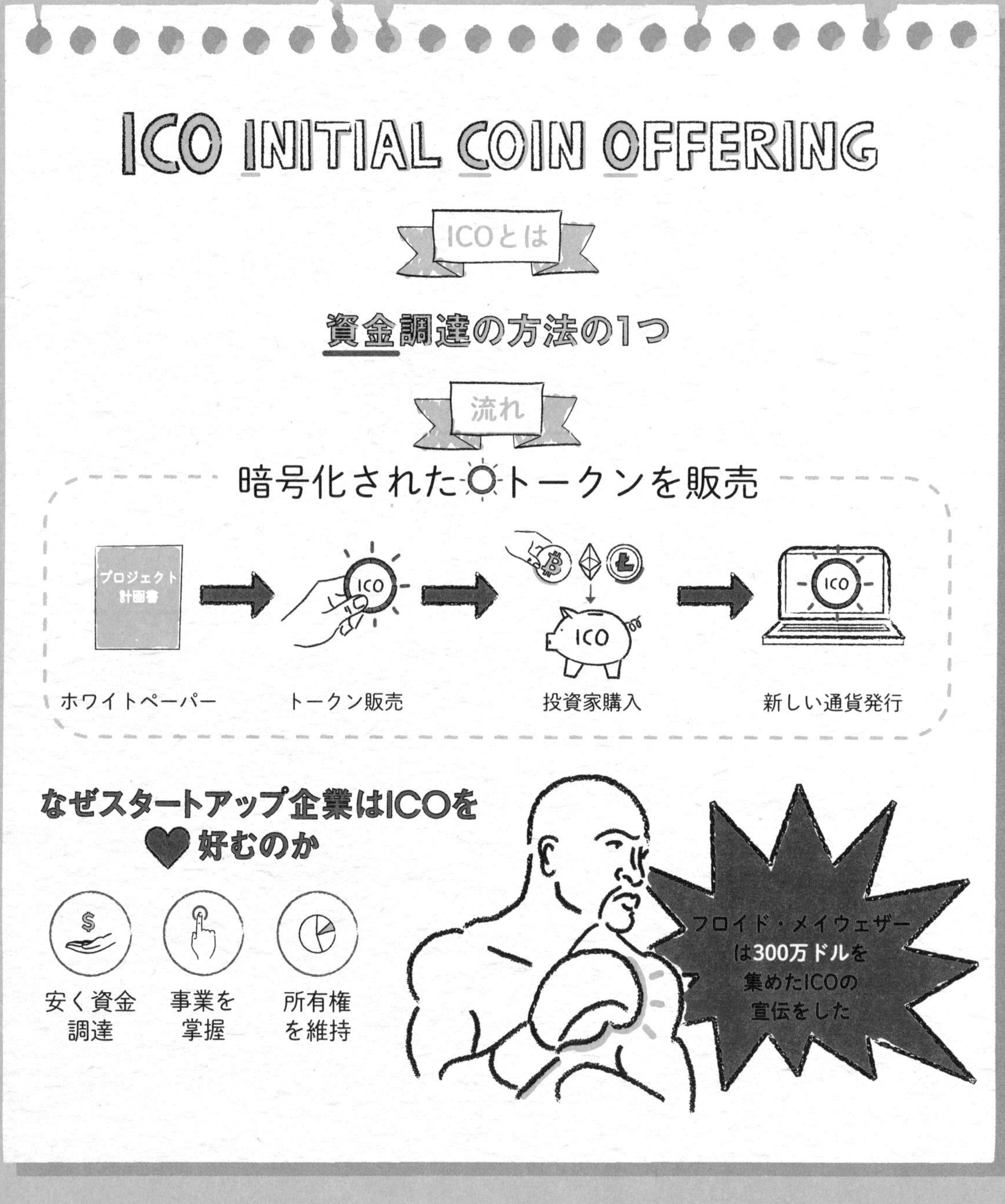

ICO INITIAL COIN OFFERING
ICOとは
資金調達の方法の1つ
流れ
暗号化されたトークンを販売
プロジェクト計画書
ICO
ホワイトペーパー
トークン販売
投資家購入
新しい通貨発行
なぜスタートアップ企業はICOを好むのか
安く資金調達
事業を掌握
所有権を維持
フロイド・メイウェザーは300万ドルを集めたICOの宣伝をした

ICO（新規仮想通貨公開）とは、企業が新しいデジタルマネーを開発して発行することで資金を調達する方法である。創業まもない会社に投資する人は、普通はその会社の所有権の一部を取得する（たとえばIPO）。ICOの場合は、新しい通貨を受け取る。それは最終的には大金に化けるかもしれないし、無価値になるかもしれない。

ICOのしくみ

- **会社は「トークン」を販売する。**
- **投資家はトークンを買う。購入にあたっては、イーサリアムやビットコインといった定番の仮想通貨が使われることが多い。**
- **設定された期間内に必要な最低金額が集まれば、トークンは新しい暗号通貨となる。**
- **最低金額に到達しなかった場合、一般に資金は返還される。**

スタートアップ企業がICOを好む理由

ICOは企業にとって多くのメリットがある。

- **安く資金調達ができる。**

IPOよりも簡単で、費用もかからない。

- **所有権に影響しない。**

株式を売ると、既存の株主は所有権の一部を手放すことになる。ICOなら所有権に影響しない。

- **事業を掌握できる。**

ベンチャーキャピタルがスタートアップ企業に投資した場合、ビジネスに口を出すのが普通だ。ICOなら創業者は自分の思いどおりに事業をすすめられる。

投資家にとってのメリットとデメリット

メリット	デメリット
将来成功するかもしれない会社の初期段階から参加できる。 革新的な動きの一端を担えるかもしれない。 大きなリターンが得られるかもしれない。	ディスクロージャーが不十分。 規制が不十分。 投資を終了するときに問題が発生するかもしれない。 ハッカーに資金を盗まれるリスクがある。 トークンの価値が大きく変動するかもしれない。 詐欺の可能性がある。

おもしろ豆知識

- ICOにとびつくアスリートや有名人は多い。元プロボクサーのフロイド・メイウェザー・ジュニアは、ブロックチェーンを活用した予測市場を提供する会社が3,000万ドルを集めたICOの宣伝に加担した。
- カンナビスコイン、キャットコイン、セックスコイン、ワッパーコイン——すべて本物の暗号通貨である。一定額のワッパーコインを持っていれば、ロシアのバーガーキングで無料のハンバーガーが1つもらえる。

ここがポイント

- ICOは資金調達の方法の1つで、新しい暗号通貨をつくって行なう。
- ICOは安く資金調達ができ、経営に口出しされずにすむという企業側のメリットがある一方で、投資家側には大きなリスクがある。

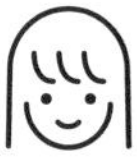

ICOとモノポリーのお金の違いは、後者はリサイクル可能ってこと。

ブロックチェーン

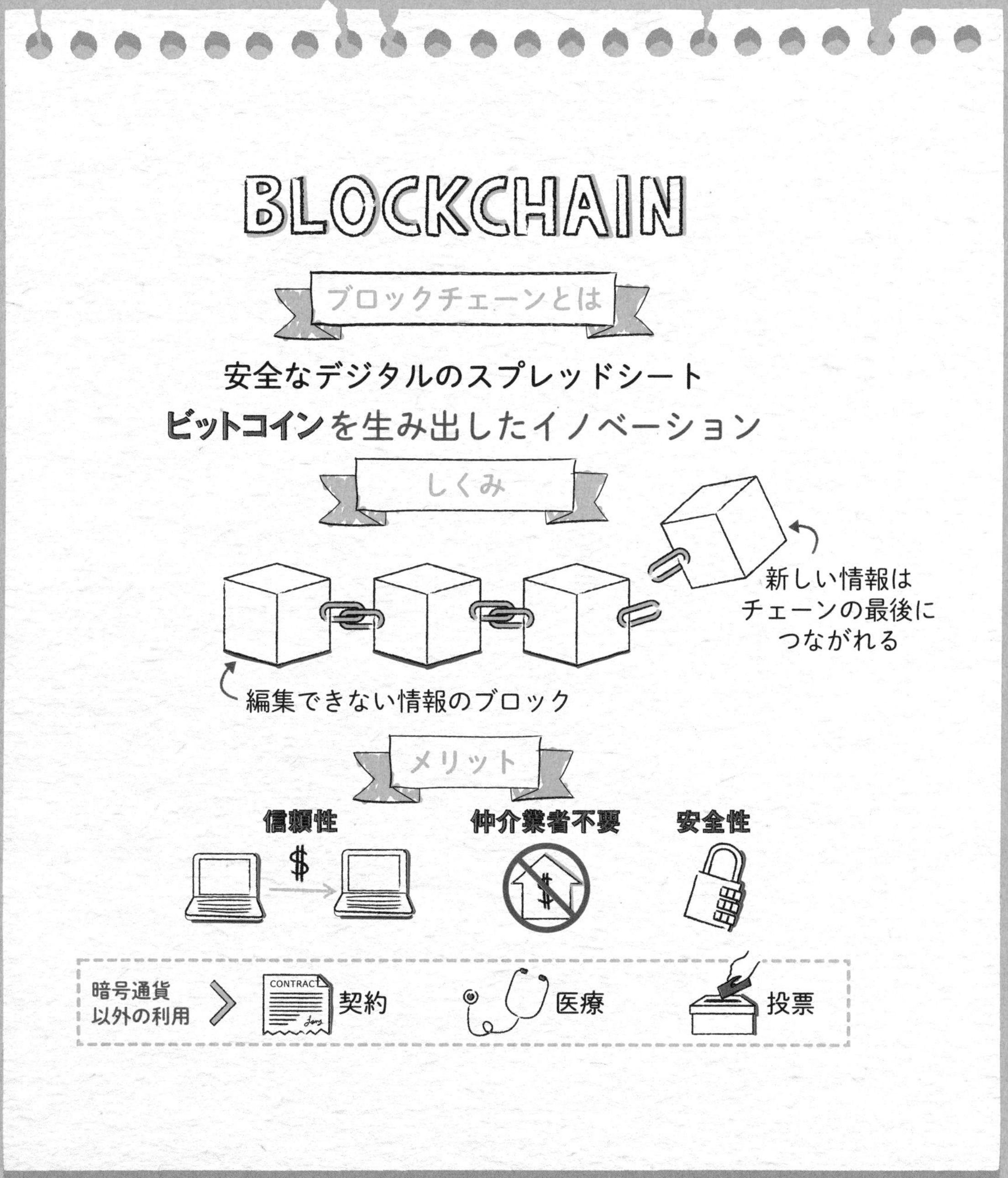

BLOCKCHAIN
ブロックチェーンとは
安全なデジタルのスプレッドシート
ビットコインを生み出したイノベーション
しくみ
新しい情報は
チェーンの最後に
つながれる
編集できない情報のブロック
メリット
信頼性
$
仲介業者不要
安全性
暗号通貨
以外の利用
CONTRACT
契約
医療
投票

ブロックチェーンとは、ビットコインなどの暗号通貨のもとになっている革新的な技術のこと。この新しい技術によって、変更も破壊もできない永久に残る記録がつくられるようになった。暗号通貨以外にも利用できる可能性がある。

ブロックチェーンのしくみ

ブロックチェーンとは、巨大な公共のスプレッドシートのようなもの。でも、エクセルと違って、一度書きこむと基本的に修正はできない。スプレッドシートが暗号化されてネットワーク上に広まるからだ。

> 「ブロックチェーンは複雑な数学に裏打ちされた記録保持のしくみだ」
>
> ——エドワード・スノーデン（元政府機関職員、亡命者）

既存のデータを編集する代わりに、新しいデータはかならずブロックのチェーンの最後に加えられる。各ブロックはその1つ前のブロックに一連の数字とともにつながる。こうして変更不能な情報の履歴ができあがる。

ブロックチェーンのメリット

信頼性 記録が編集できないから（たとえば銀行であれば、あなたの口座残高の桁をうっかり1つ減らすようなことはできないから）、信頼できる。

仲介業者不要 ブロックチェーンはネットワーク上に広まっているので、情報やお金の流れを管理する人や機関は存在しない。

安全性 情報は暗号化されて分散されているので、基本的にハッキングはできない。

暗号通貨以外の使途

ブロックチェーンが大きな影響を与えるかもしれない業界はたくさんある。

契約 不動産の譲渡契約であれ、仕事上の契約であれ、ブロックチェーン技術を活用すれば、過去に合意された条項はすべて公開して確認できるようになり、しかも安全性も確保される。

医療 医療提供者はこの技術を使えば、慎重な取り扱いが求められる情報を効率的に安全に共有できる。

投票 安全性が高く、匿名が確保され、確認が可能な技術を使えば、票の集計に役立てられる。

おもしろ豆知識

- **ブロックチェーンを活用したビットコインは、マイニングに大量のエネルギーを消費する。その量は1国のエネルギー消費量を超える**（すでに159カ国が抜かれている）。
- **ミュージシャンのイモージェン・ヒープは、すべてのアーティストが作品の対価をきちんと受け取れるように、ブロックチェーンを使って音楽の公正な取引システムを構築しようとしている。**

ここがポイント

- ブロックチェーンはビットコインなどの暗号通貨を支える技術。
- ブロックチェーンという技術革新は、改ざんできない記録システムをつくりだした。
- ブロックチェーンは主に暗号通貨に使われているが、投票、契約、音楽業界でも利用されるようになる可能性がある。

ブロックチェーンというイノベーションはビットコインを生み出した。アイフォーンというイノベーションはグズグズ病を生み出した。

おさらいクイズ

1 暗号通貨とは?

a 将来の埋葬費用を貯めるための非課税口座。
b モノポリーの電子マネー。
c 暗号化されたデジタル通貨。
d 原始的な共同生活をするイベントの会場で唯一使える通貨。

2 暗号通貨と伝統的通貨の違いとして適当とは言えないのは?

a 伝統的通貨はインフレに対して保証されているが、暗号通貨には保証されていない。
b 伝統的通貨は政府に保証されているが、暗号通貨は保証されていない。
c 暗号通貨はナイトクラブでばらまけない。
d 昔の大統領や政治家の顔が描かれているかどうか。

3 暗号通貨に投資するときのリスクは?

a パーティーで質問攻めにあう。
b ロボットが反乱を起こす。
c 政府に没収されるかもしれない。
d 価格が大きく変動する。

4 暗号通貨は2000種類以上ある。これって正しい?

正しい　　まちがい

5 ビットコインの新たなブロックをつくることをなんと言うか?

a マイニング
b ミンティング
c マスキング
d ビットブロッキング

6 ビットコインは価格が安定しているため、暗号通貨のなかでもっとも人気がある。これって正しい？

正しい　　　まちがい

7 ビットコインはデジタル通貨なので、モノやサービスの従来の支払いには使えない。これって正しい？

正しい　　　まちがい

8 ICOとは？

a　老後の資金をすべてつぎこむのに最適な投資。
b　企業の資金調達の方法の1つ。
c　テレビショッピングで買える記念硬貨。
d　イーロン・マスクの口説き文句。

9 ICOが企業にとってメリットがあるのはなぜ？

a　資金調達の最低金額が保証されているから。
b　連邦政府が厳しく規制しているから。
c　所有権や支配権を失わずにすむから。
d　無料のトートバッグをくれるから。

10 ICOに投資する人が考えなければならないのは？

a　得た利益を株式市場につぎこむか、さらにICOにつぎこむか。
b　得た利益でテスラのモデルSを買うか、モデルXを買うか。
c　いくつかのICOに分散して投資するか、1つに集中して投資するか。
d　大金を手にする確率と投資した全財産を失う確率。

11 ブロックチェーンとは？

a　ビットコインを生み出した革新的な記録保持技術。
b　ビットコインをマイニングするのに使われるたくさんのコンピューター。
c　昔あったレンタルビデオショップ。
d　シリコンバレーが国として独立するために、地域を囲むように築いているフェンス。

12 ブロックチェーンのイノベーションとは？

a　政府をだますこともできるAIロボットを開発したこと。
b　情報をきわめて安全に保管する方法を開発したこと。
c　ヴァーチャル・リアリティを破綻させたこと。
d　引きこもりのコンピューターオタクに社会復帰の機会を提供したこと。

13 ブロックチェーンは暗号通貨以外にも使える可能性がある。これって正しい？

正しい　　　まちがい

14 ブロックチェーンは環境にもやさしい。これって正しい？

正しい　　　まちがい

答
[1] c　[2] a　[3] d　[4] 正しい　[5] a　[6] まちがい　[7] まちがい　[8] b
[9] c　[10] d　[11] a　[12] b　[13] 正しい　[14] まちがい

第 11 章

人に
差をつける

72の法則

RULE OF 72

72の法則とは

どのくらいの期間で元本が倍になるか

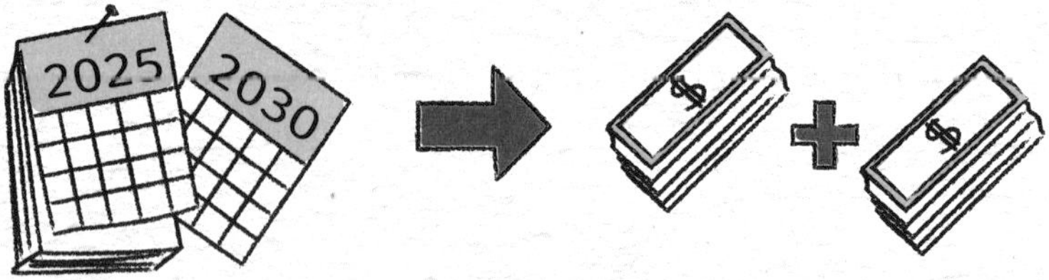

計算方法

72を金利で割るだけ

$$\frac{72}{\text{利率}} = \text{倍になるまでの年数}$$

例　72/6＝12年

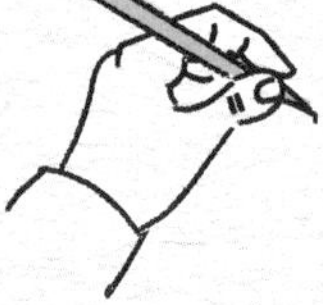

72の法則とは、ある金利で元本がどのくらいの期間で倍になるかを簡単に計算する方法。

計算方法

72を年利で割るだけ。
たとえば、年利7%だったとしたら、元本が2倍になるまでは
72/7=10.3年。
年利2%なら、2倍になるまで
72/2=36年かかる（長すぎる！）。

注意点

72の法則を使えば、元本がどのくらいで増えるか簡単にわかるが、正確ではないことに注意してほしい。きちんとした答えを出そうとするともう少し複雑な計算が必要になる（計算できるサイトがある）。それに現実の世界では、長期になれば利率はたいてい変動する。

お金を増やすコツ

小学校で習ったように、分母の数を大きくすると答えの数字は小さくなる。そんなことあたりまえだろうと思うかもしれないが、要するに、自分のお金を早く倍にしたかったら、高い金利を探せばいいということ。お金を増やすコツには、たとえば次のようなものがある。

- **しばらく使うあてのないお金を株式に投資しよう。10%で運用できれば、7年ごとに倍になる計算になる。**
- **利益を生まない口座は避けよう。利息がつかない口座の残高は必要最低限にしよう。いますぐ使わない緊急用資金もできるだけ利率の高い口座に入れよう。**
- **お金は放っておこう。72の法則は、複利で増えるのを前提としている。毎年増えた分を引き出して使っていたら、いつまでたっても倍にはならない。**

おもしろ豆知識

- 72の法則を見つけたのはアインシュタインだと言われることが多いが、本当はイタリアの数学者ルカ・パチョーリが1400年代後半に発見したらしい。パチョーリは近代会計学の父とも言われている。
- 元本が3倍になるまでの期間を知りたかったら、114を金利で割ればいい。4倍のときは144を使う。

ここがポイント

- 72の法則とは、金利を使って元本が倍になるまでのおおよその期間を把握するための簡単な方法。
- 元本を早く倍にするために、株式投資も含めて、できるだけ高い利回りを探そう。それから安易に引き出さないようにしよう。

72の法則を知っていれば貯金が増える。ドーナツを食べれば皮下脂肪が増える。

クラウドファンディング

CROWDFUNDING

クラウドファンディングとは

たくさんの人から資金を集める方法

しくみ

アイデア
募集
拡散
資金提供
目標額達成

種類

金銭の見返りあり　投資型 & 融資型

金銭の見返りなし　購入型 & 寄付型

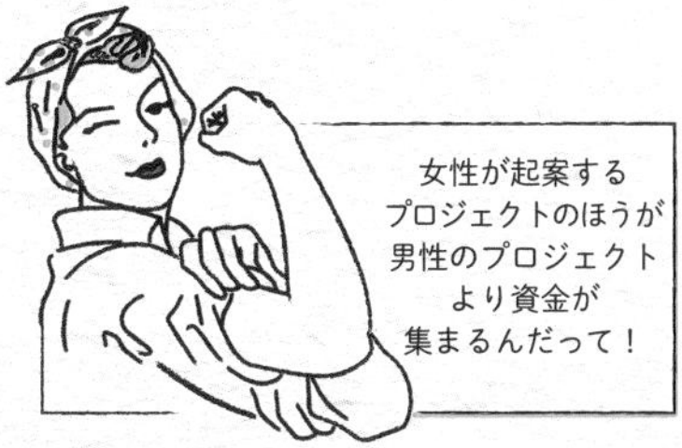
女性が起案する
プロジェクトのほうが
男性のプロジェクト
より資金が
集まるんだって！

クラウドファンディングとは、インターネットの力を借りて、多くの人からお金を集めるしくみのこと。クラウドファンディングのウェブサイトは、利用者がアイデアを宣伝して、資金を集めるプラットフォームである。

クラウドファンディングの流れ

ステップ1 アイデアを用意する。すでに取り組んでいるものでもいいし、まったく新しいものでもいい。

ステップ2 アイデアを実現するのに必要な資金を考える。それが調達目標になる。

ステップ3 クラウドファンディングのサイトを選ぶ（次ページに掲載した主なサイトを参照してほしい）。

ステップ4 プレゼンテーションをつくる。友達の助けも借りて、見た人がクリックしてくれるような説得力のあるストーリーを考えよう。

ステップ5 募集開始。

ステップ6 ソーシャルメディアなど使える手段をすべて使って宣伝する。できるだけたくさんの人に届くようにがんばろう。「拡散希望！」

ステップ7 資金を集める。目標額を達成する。

ステップ8 アイデアを実現する。

メリットとデメリット

	メリット	デメリット
資金調達者	シンプルで簡単。 幅広い人にアプローチできる。	最初は知人に頼むことになるだろう（気まずい）。 目標に到達する保証はない。
支援者／投資家	顔のない組織ではなく、生きた人間を助けることができる。 おもしろいことに最初からかかわれる。	本物かどうかの保証はない。詐欺かもしれない。 寄付金控除は適用されないことが多い。

クラウドファンディングの種類

	内容	プラットフォームの例※
寄付型	困っている人に寄付する。見返りは何もない。	GoFundMe（ゴーファンドミー） CrowdRise（クラウドライズ）
購入型	新しい製品を開発している起業家に、たとえば20ドルを出し、見返りとして完成した製品を真っ先に受け取る。	Kickstarter（キックスターター） Indiegogo（インディゴーゴー）
投資型	株式を購入するように新設の会社に投資し、見返りとして所有権の一部をもらう。	SeedInvest（シードインベスト） Wefunder（ウィーファンダー）
融資型	必要としている人にお金を貸して、時間をかけて利子とともに返してもらう。	LendingClub（レンディングクラブ） Prosper（プロスパー）

※ちなみに日本にもプラットフォームはたくさんある。GoodMorning、A-Port、CAMPFIRE、READYFOR、Makuake、FUNDINNOなど。

おもしろ豆知識

- 奇想天外なプランでも数千ドルを集めることがある。キックスターターでは、『ドクター・フー』の時空を旅する電話ボックスを宇宙に飛ばすプロジェクトや、アート作品としてライオネル・リッチーの巨大な頭をつくるプロジェクトが成功したことがある。
- 女性が募集するクラウドファンディングのほうが男性よりも資金が集まるという。おそらく女性のほうが信頼できそうに思えるのだろう。

ここがポイント

- クラウドファンディングとは、インターネットを通じてたくさんの人から少しずつ、最終的には大きな金額を集める方法。
- クラウドファンディングは、新規事業をはじめるための資金調達にも活用できる。
- クラウドファンディングは資金調達者にとっても支援者にとっても簡単で便利なしくみだが、どちら側にも保証はない。

持ち寄りパーティーを開けば、夕食をクラウドファンディングできる。

慈善活動

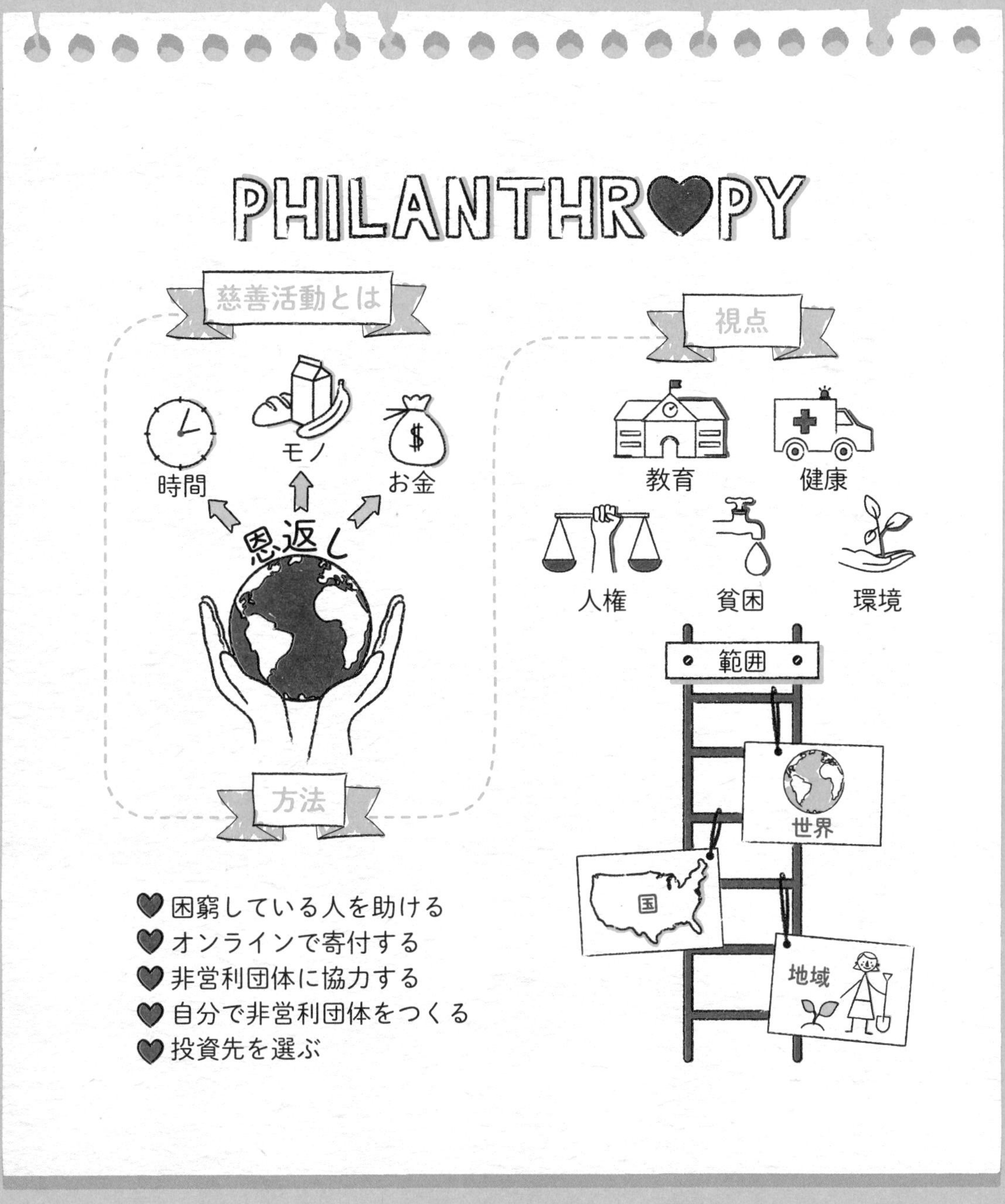

PHILANTHROPY
慈善活動とは
時間
モノ
お金
恩返し
方法
困窮している人を助ける
オンラインで寄付する
非営利団体に協力する
自分で非営利団体をつくる
投資先を選ぶ
視点
教育
健康
人権
貧困
環境
範囲
世界
国
地域

慈善活動とは恩返しである。お金でもモノでも時間でも労力でも、とにかく自分が持っているものを助けを必要としている人に贈る。税務上の優遇措置を求めて行なう人もいれば、そこに自分の人生にとっての意味や人とのつながりを見出す人もいる。

> 「前に進むためには、お返しをしなければならない」
>
> ——オプラ・ウィンフリー
> （＃ボス）

慈善活動をはじめたいとき

人を助ける方法はたくさんある。

- **自分の近くにいるお金に困っている人を助ける。**
- **オンラインで寄付する。**
- **非営利団体に、お金、缶詰、品物、時間を提供する。**
- **自ら非営利団体を立ち上げて、誰も手をつけていない問題に取り組む。**
- **投資をするときに、収益を伸ばしているだけではなく、社会や地球に貢献している投資先を選ぶ。**

活動するときの視点

特定の問題に取り組んでいる団体を支援する。

自分の支援をどこまで届けたいかという視点で考えることもできる。

地域 近所に困っている人がいたら助ける。地元の無料食堂でボランティアをする。

国 被災者に義援金を送る。医学の研究所に寄付をする。アメリカの保護地区を守るために活動する。

グローバル 世界中の困難な状況にいる人たちのために寄付をする。戦争地域に医療を、難民に食料を、貧しい子どもたちに教育を届ける活動を支援する。

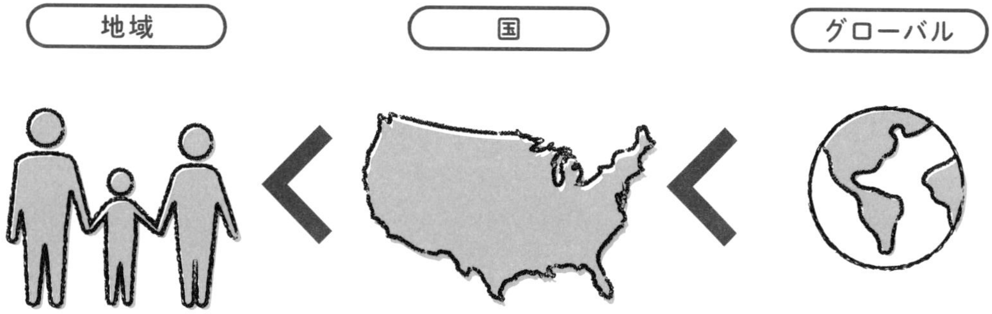

税務上の注意点

もし、税務上の優遇措置を求めているのであれば、知っておかなければならないルールがある。個人への寄付は、直接してもクラウドファンディングを利用しても一般に控除の対象にはならない。また、控除を受けるためには申告しなければならない。

> 「私が尊敬するのは、世の中に対する不満を並べて何もしない人ではなく、より良い世の中にしようと努力する人たちだ」
>
> ——マイケル・ブルームバーグ（実業家、政治家）

おもしろ豆知識

- ギビング・プレッジは、ウォーレン・バフェットとゲイツ夫妻がはじめた取り組みで、世界の富豪が財産の大半を寄付することを誓約したもの。世界中で約200人の富豪が宣誓している。
- 男性より女性のほうが寄付する人が多く、平均寄付額も高い。
- 事業を通じて慈善活動を行なう企業もある。眼鏡のワービー・パーカーやシューズのトムスは、商品が1つ売れるたびに商品を1つ寄付している。

ここがポイント

- 慈善活動とは、自分のお金、時間、専門知識を人に渡すこと。
- 与える方法はたくさんある。対象分野や支援を届けたい範囲によって変わってくるだろう。
- 寄付によって税務上の優遇措置が受けられる可能性がある。しかし、控除を受けるには決まりや制限がある。

無料食堂でボランティアをする人の写真に「いいね」を押しても、それは慈善活動じゃないから！

ヘッジファンド

HEDGE FUNDS

ヘッジファンドとは

規制がゆるやかな投資ファンド

特徴

- 投資できるのは富裕層のみ
- 運用資産は自由
- 透明性が低い
- 手数料が高い
- 解約には制限がある

知ってた？

「ヘッジ」の意味は
投資リスクを相殺すること

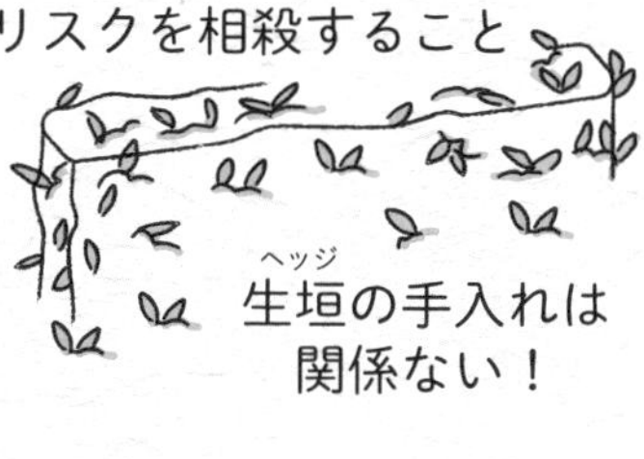

生垣（ヘッジ）の手入れは
関係ない！

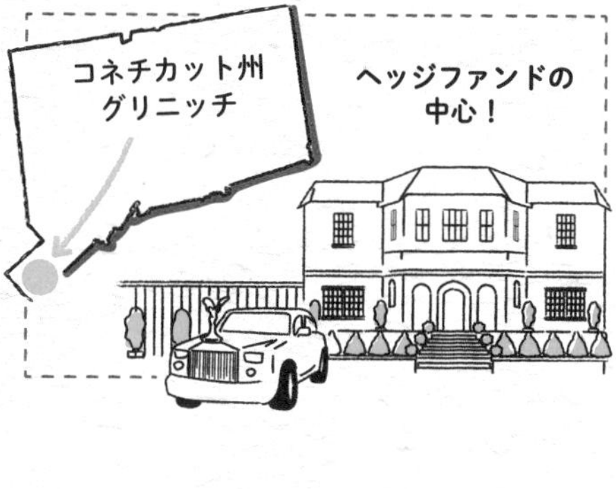

ヘッジファンドとは、投資信託と同じように投資家から資金を集めて、1人あるいは複数の専門家を雇って運用を任せるファンドのこと。ただし、投資信託よりも規制がゆるく、ハイリスクであることが多い。投資信託にステロイドを注入したものだと思えばいい。

ヘッジファンドと投資信託

ヘッジファンドと投資信託の大きな共通点は（当然ながら）どちらもファンドであるということ。けれども、違いはたくさんある。

	ヘッジファンド	投資信託
ファンドに投資できるのは？	富裕層のみ（資産や収入の最低基準が決められている）。	誰でもOK。
ファンドの投資対象は？	ほぼすべて――株式や債券から、デリバティブ、生命保険まで。	投資できるものには法的な規制がある。一般的な株式や債券がほとんど。
投資家はファンドの投資内容を把握しているか？	かならずしもしていない。ヘッジファンドの投資家（あるいは政府）に対する報告義務は厳しくない。	把握している。投資信託は運用資産の詳細を定期的に報告しなければならない。
手数料は？	非常に高い。一般的には投資額の2%＋利益の20%。	普通。平均的な手数料は年間で資産額の0.5%。
解約は簡単？	簡単ではない。解約するには厳しい条件がある。	簡単。市場が開いている日ならいつでも解約できる。

ヘッジファンドの種類

ヘッジファンドの戦略には、たとえば次のようなものがある。

ロングショート 値上がりする株式と値下がりする株式を予想する。

アクティビスト 問題を抱える企業に投資して介入し、株式の価値を高める。

マクロ 世界経済の動向を予想する。たとえば、中国の景気が後退するとか、ドルが下落するとか。

ディストレスト債権 破綻の危機にある企業に対する債権を安く買い取る。

映画 映画に出資する。

アート 美術品を管理運用する。

> 「ヘッジファンドの手数料体系は、戦略を探すためにある」
>
> ——発言者不明

おもしろ豆知識

- ヘッジファンドの「ヘッジ」には投資特有の意味があり、ある投資のリスクを打ち消すような投資をしてリスクを回避することを指す。生垣（ヘッジ）の手入れとは関係ない。
- バーニー・マドフのヘッジファンドは、一時期は世界最大と見なされていた。
- シリコンバレーがテクノロジー産業の中心であるように、コネチカット州のグリニッチはヘッジファンド業界の中心である。

ここがポイント

- ヘッジファンドとは、投資信託と同じように投資家の資金を集めて専門家が運用するファンドのこと。
- 投資信託と違って、ヘッジファンドは一般に手数料が高く、投資家にすべてが開示されず、解約も制限されることがある。
- ヘッジファンドはさまざまな投資戦略を採用しているが、リスクの高い選択肢となることが多い。

投資組合をヘッジファンドって言うとかっこよく聞こえる。手袋はフィンガーパンツって言ったらどうかな？

見えざる手

INVI$IBLE HAND

見えざる手とは

理論：人々が自己利益を求めて活動すると、社会に利益がもたらされる。

唱えた人↓

国富論
アダム・スミス

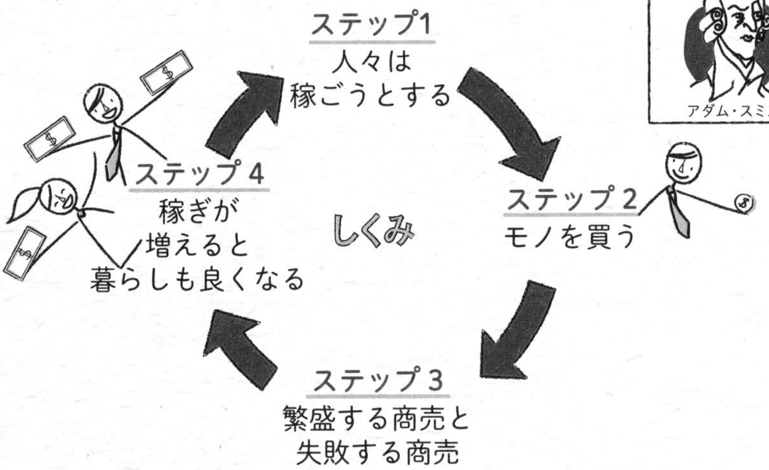

ステップ1
人々は稼ごうとする
ステップ2
モノを買う
ステップ3
繁盛する商売と失敗する商売
ステップ4
稼ぎが増えると暮らしも良くなる
しくみ

理論の背景

共産主義より資本主義の方が優れているという主張

「見えざる手」とは、アダム・スミスが唱えた経済理論を表すもの。人々が自らの利益を求めて行動すれば、意図せずして社会全体に利益をもたらすことになるという。資本主義社会では、個人の行動は見えざる手によって社会に最大の利益をもたらす行動へと導かれるからだ（と理論は言っている）。

「われわれが夕食にありつけるのは、肉屋や酒屋やパン屋に慈悲の心があるからではなく、彼らが自己の利益を追求しているからだ」

——アダム・スミス
（経済学者）

「見えざる手」のしくみ

見えざる手の理論は、資本主義が好循環をつくっていると主張する。

ステップ1 人々はお金を稼ごうとする。会社を興し、モノやサービスを売る。
ステップ2 一方で人々はどのくらい買うか決める。人々がたくさん買えば、会社は商品をもっとつくる。少なければ、会社は生産を減らす。
ステップ3 売れる商売はますます繁盛し、売れない商売はダメになる。
ステップ4 人々がお金をたくさん稼げば、お金はたくさん使われ、仕事も増える。みんなが幸せになる。

理論の背景

見えざる手の理論は、共産主義（個人の職業やお金の使い方は政府が決める）に対して、資本主義（職業やお金の使い方は個人が自由に決める）を支持するときによく使われる。

	資本主義	計画経済（共産主義）
職業	個人が自分の考えにもとづいて、自由に選択する。	政府が指示する。
買い物	買う余裕があれば、何でも買える。	決められた基準にしたがって配給される。
生産	企業やつくり手が決める。	政府が決める。たとえば、靴メーカーに対して年間の生産数を指示する。
リスク	個人がリスクを負う。稼がなければ貧乏になる。うまくやれば金持ちになれる。	社会がリスクを負う。（理屈上では）金持ちも貧乏人もいない。

おもしろ豆知識

- **アダム・スミスが毎日テーブルについて夕食を取ることができたのは、自己の利益を追求した肉屋やパン屋のおかげだけではなかった。彼の母は死ぬまで息子のために食事をつくった**（母が亡くなったとき、アダム・スミスは60代だった）。
- **映画『ジュラシック・パーク』でイアン・マルコム博士は言った。「生命は道を開く」。資本主義もまたしかり。共産主義国家や刑務所といった制限された経済においては、タバコ、金（きん）、ドルが代替貨幣となっている**（最近のアメリカの刑務所では、タバコの代わりにインスタントラーメンが貨幣として使われている）。

ここがポイント

- 見えざる手の理論は、人々が自由にお金を稼ぎ、自由にモノを買う社会経済のほうが、人々により良い暮らしをもたらすとする。
- 見えざる手は、政府が生産や職業を決める共産主義に対して、資本主義を支持する主張のなかで言及されることが多い。

見えざる手へ——見えていないからといって中指を立てるのはやめてね。

ゲーム理論

GAME THEORY

ゲーム理論とは

人の決断を予測するためのモデル

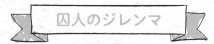

囚人のジレンマ

ゲーム理論の例

自分の利益を取るか　全員にとってよりよい結果を取るか

予想 → 2人とも自白して刑務所に入る！

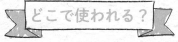

どこで使われる？

ビジネス交渉　企業戦略　ギャンブル　軍事作戦

ゲーム理論とは、難しい状況で人がどう決断するかを予測する経済モデルのこと。

囚人のジレンマ

古典的な例として、囚人のジレンマがある。共犯の２人が警察に捕まる。２人の刑期は自白するか、黙秘を貫くかで変わってくる。

	囚人１　自白する（囚人２を見捨てる）	**囚人１　自白しない**
囚人２　自白する（囚人１を見捨てる）	２人とも自白する →２人とも５年	囚人２　自白する →０年 囚人１　自白しない →８年
囚人２　自白しない	囚人１　自白する →０年 囚人２　自白しない →８年	２人とも自白しない →２人とも半年

２人にとっていちばんいいシナリオは２人とも黙秘を貫くことだ。だが、警察官は２人を別々の部屋で尋問する。そのため、２人は仲間がどうしたのかを知ることができない。

囚人１の立場で考えれば、囚人２が自白しようがしまいが、自分は自白する（囚人２を見捨てる）ほうがいい結果となる。囚人２が自白した場合（囚人１を見捨てる）、囚人１は自分も自白することで刑期を８年から５年に短縮できる。もし囚人２が自白しなければ、囚人１は自分が自白する（囚人２を見捨てる）ことで、刑期を半年からゼロにすることができる。

同じことは囚人２についても言える。したがってこのモデルによれば、２人とも相手を裏切って自白すると予想できる（この理論を提唱した経済学者のジョン・ナッシュの名にちなんで、これをナッシュ均衡と言う）。

どこで使われるか

現実の世界では、ゲーム理論は次のような場面で活用される。

●ビジネス交渉　●ギャンブル　●企業戦略の策定　●軍事作戦の立案

おもしろ豆知識

- **ある研究者が囚人のジレンマを実際の囚人相手に試したところ、相手を裏切ったケースは理論で想定されるよりもずっと少なかった（見返りは刑期の短縮ではなく、コーヒーやタバコだったが）。**
- **ゲーム理論は、キューバ危機のような核兵器をめぐる膠着状態でも使われた（いま私たちが生きているところを見ると、どうやらちゃんと機能したらしい）。**
- **映画『ビューティフル・マインド』のなかで、ジョン・ナッシュは、友人たちとバーに行ったときに、全員が１人の女性を狙ったことで、ゲーム理論を思いついた。みんなでこの女性に話しかければ、誰もものにできないだろう。そこで全員が彼女を無視し、彼女の友人に声をかけたのだった。**

ここがポイント

- ゲーム理論とは、戦略的な状況で人の決断を予想する方法。
- この理論では、一方が他方の行動を予測もコントロールもできない状況下で、一方が取るであろう行動を考察してモデル化する。
- ゲーム理論はビジネスや軍事上の判断をするときにも使える。

チェスの駒を耳にあてれば、ゲーム理論の完璧な説明が聴けるかも。

おさらいクイズ

1 72の法則とは？

a 72歳までに財を成していなければ、決して金持ちになることはないという投資の経験則。
b 資産のうちどのくらいを株式で持つべきかを決めるときの目安。
c 利回りによって元本が倍になるまでのおおよその期間を計算する方法。
d ちょっと変わった友達がつきあえる相手の年齢の幅を説明したもの。

2 クラウドファンディングとは？

a 大勢から少しずつお金をだまし取って稼ぐ方法。
b インターネットで投資のアイデアを得る方法。
c コンサートで人の財布を盗むこと。
d インターネットを使って、たくさんの人から資金を調達する方法。

3 クラウドファンディングを実施するにあたって必要な手続きは？

a クラウドファンディングのサイトを選び、プレゼンテーションを用意する。
b 連邦準備制度に届出書を提出する。
c ドル札の絵がちりばめられたスーツを着る。
d 高校時代の友人でもっとも成功した人にお金を借りる。

4 クラウドファンディングにはどのような種類があるか？

a 投資型。投資家は企業の所有権を受け取る。
b 融資型。投資家は利子とともに返してもらう。
c 購入型。投資家は、たとえば開発された製品を真っ先に受け取る。
d 上記のすべて。

5 クラウドファンディングへの投資は連邦預金保険公社（FDIC）によって保護される。これって正しい？

正しい　　まちがい

6 人が慈善活動をする主な理由は?

a 大金を稼ぐため。
b 税務上の優遇措置とあたたかい気持ちが得られるから。
c 天国に行けるから。
d わけもわからず参加して、気づいたときには抜け出せなくなっていたから。

7 困っている人を助ける方法として適当なものは?

a バリスタにチップを渡す。
b 金属製のストローを使う。
c セルフケア。
d 社会に貢献している企業に投資する。

8 困窮者へのクラウドファンディングを通じた寄付は基本的に寄付金控除を受けられない。これって正しい?

正しい　　まちがい

9 ヘッジファンドとは?

a リスクを回避した投資信託。
b 基本的に高い手数料を取る、規制がゆるやかなファンド。
c 庭師がすすめるファンド。
d 詐欺師がマネジャーを名乗るファンド。

10 投資信託と違って、ヘッジファンドに投資するときに求められることは?

a 資産や収入の基準を満たしていること。
b 投資知識を問うテストに受かること。
c ファンドマネジャーの義理の弟とゴルフをすること。
d 秘密結社のメンバーになること。

11 ヘッジファンドの規制は厳しいので、これまで大きな詐欺事件は起きていない。これって正しい？

正しい　　　　まちがい

12 「見えざる手」を簡単に言うと？

a ルームメイトのビールを飲んだのが見つかったときにする言い訳。
b 給与から引かれる税金のこと。
c 共産主義よりも資本主義を支持するときに使われる経済理論。
d オンラインの俗語辞典に載っている言葉。

13 共産主義に対して資本主義を決定づける特徴は？

a カーダシアン家のような人がたくさんいる。
b ダンスパーティーが違法ではなく、合法。
c 株式市場が分散されていなくて集中管理されている。
d 政府から指示されることなく、自分で仕事と消費を選べる。

14 ゲーム理論とは？

a 戦略的な判断を予測する経済モデル。
b 暗号通貨に投資する人が使う取引戦略。
c ゲーム『フォートナイト』を語るソーシャル・ニュースサイトのフォーラム。
d ウォーレン・バフェットの株式の選び方。

15 ゲーム理論が利用できるのは？

a 企業戦略
b 軍事作戦
c ナンパ師の戦略
d 上記すべて

答

[1] c [2] d [3] a [4] d [5] まちがい [6] b [7] d [8] 正しい
[9] b [10] a [11] まちがい [12] c [13] d [14] a [15] d

最後に

おめでとう！　最後まで読みとおしたあなたはたくさんのもの（お金じゃなくて知識）を手にしたはず。

新しく得たものを自信を持って使ってみてほしい。自分のクレジットスコアを確認してみるとか、401k の残高をのぞいてみるとか、緊急用資金を貯めはじめるとか。

この本を読んでこの先大儲けをするか、実家に帰ることになるかはともかく、少なくともお金について考えるときに前よりは自信が持てるようになったと思う。

もし、もっといろいろ知りたかったら、NapkinFinance.comを訪ねてみてね。

らくがきファイナンス

お金で幸せは買えないけれど、どうせ泣くならバスのなかでより、ベントレーに乗ってのほうがいいでしょ。

謝辞

この本は、たくさんの人の愛とハードワークがなかったら完成しなかっただろう。最初から応援してくれて、アドバイスやアイデアをくれたみんなに心から感謝する。私たちの力と情熱がこの本を形にした。これからもたくさんの人々に力を与えていくだろう。

まず、チーム全員にお礼を言いたい。エリザベス・リアリ。彼女のおかげで、この本は読んで楽しいというだけではなく、正確でわかりやすく、読み手をひきつける魅力あふれる1冊になった。才能豊かで、どんなプレッシャーにさらされてもいつも優雅な彼女にMVPを贈りたい。ファイナンスについておもしろおかしく、人をひきつける文章を書ける人はそういない。エリザベス、このプロジェクトに参加してくれて本当にありがとう。紙ナプキンとイラストを見事に融合させてくれたグレッグ・フリードマンに感謝する。彼の手腕のおかげで、すみずみまで美しい本に仕上がった。グレッグがいて、私たちはどんなに幸運だったことか。私たちの秘密兵器、ワーディ。あなたにはポップなイラストで話を楽しく伝える才能がある。ありがとう。エデン・ドランガーとアレハンドロ・ビアン・ウィルナーのユーモアとすばらしい才能にも感謝している。

UTAのバード・リーヴェルの支えがなければ、本書は誕生しなかっただろう。アイデアを信じてくれて、ありがとう。デイ・ストリートとハーパー・コリンズのチームにも謝意を伝えたい。マシュー・ダッドナ、ジュリー・ポラウスキ、ケンドラ・ニュートン。みんな、最後まですばらしい仕事をしてくれた。

ハーバード・ビジネス・スクールのスタッフとファイナンスのミヒル・デサイ教授にお礼を申し上げる。教授の講義がきっかけとなって、このプロジェクトは生まれた。

そして最後に、家族のみんな。本当に感謝している。両親のメルザード・ヘイとジョン・ヘイ。無条件の愛をありがとう。私のクレイジーな考えと長年の夢をずっと応援してくれた。あなたたちの娘に生まれて私は本当に幸運だと思う。やさしくて聡明な姉アトゥーサと義兄アレックス、その子どもたちローレン、ジョナサン、ジュリア。いつも私に刺激をくれる存在だ。そして、弟のデイヴィッド。愛しているし、尊敬している。みんな、ありがとう。

訳者あとがき

お金は大切だ。「お金の心配？　一度もしたことないよ」なんて人生を送ってみたいものだが、ほとんどの人はそうはいかないはず。だけど、不思議なことに、誰にとっても大切なものなのに、学校ではお金のことはほとんど教えてくれない。訳者も社会人になったときに、はじめてのお給料をもらってうれしかったのは覚えているが、「あれ、額面金額と振り込まれた額がずいぶん違う？」「貯金したほうがいいと思うけど、いくらくらい？」「どこに預ければいいんだろう？　銀行？　郵便局？」「証券会社の人がすすめてくれるんだけど、○×ファンドって何？」「あ、保険も入ったほうがいいのかな？」と戸惑ったこともよく覚えている。

お金に関する教育事情はアメリカでも同じようで、お金についての知識が足りないままクレジットカードを使うようになって、気づいたら大きな借金を抱えていた、という人も多いらしい。学校で教えてくれないなら、親が教えることになると思うが、親がみんなお金に詳しいわけではない。親自身がお金に苦労していたら、子どもに教えるのは難しいだろう。こうして生まれる知識の格差は、経済格差の一因にもなっている。

この本を書いたティナ・ヘイさんは、知識が足りないせいでお金に苦労する人々を助けたいと思っていた。一人ひとりが自分のお金についてよりよい判断ができるように、必要な知識を届けるにはどうしたらいいか。いわゆる「金融リテラシー」を高めるには、どのようなツールをつくればいいか。

いまの時代、わからないことがあればインターネットで調べればすぐにわかるし、お金を解説した本だってたくさんある、という人もいるかもしれない。だけど、それですぐに理解できるなら誰も苦労はしない。お金と言えば、数字。数字が苦手な人はたくさんいる。わからない金融用語を調べようと本を開いて、数字の羅列に算式まで出てきたときには、反射的に「悪いけど、ムリ」ってなる人も多いと思う（少なくとも訳者はなる）。苦手意識がある数字と、びっしり埋まった解説の文字――大切だとはわかっていても、なかなか手は伸びない。

実は、ティナさん自身がそうだった。ハーバード大学のビジネススクールに進学したものの、大学では文系科目を学んだので、最初はたくさんの数字と専門用語に圧倒されたそうだ。いっしょに学ぶ仲間は、コンサルタントやバンカーといった金融の専門家ばかり。自分は数字に強い人間じゃないと実感したという。

でも、そのおかげでティナさんはビジュアルで学ぶことを思いついた。だから、同級生たちとティナさんのノートはまるで違うものになった。同級生たちは数式でノートを埋めていったが、ティナさんは絵を書いて理解した。そして、ビジュアルの力を確信した。これは使える！と。

こうして、ティナさんは個人向けの金融知識を、イラストで説明する教育ツールをつくった。1項目につき、紙1枚。ぱっと見て視覚的に理解する。時間にして30秒もかからない。堅苦しくならないようにユーモアもちりばめた。この本はそれらを集めてつくられた。いまさら人に聞けない基本中の基本（金利とか株式市場とか、ニュースによく出てくるインフレとかGDPとか）から、暗号通貨やブロックチェーン、ロボアドバイザー、クラウドファンディングといったわりと最近の話題まで、内容は多彩だ。どれもアメリカでの話なので、日本とは事情や制度が異なる部分はあるが、複利の威力、貯蓄の大切さ、投資するときの注意点など、お金の基本は同じだ。そんなことはもう知っているという人も、基本を侮るなかれ。クレジットカードや給与から引かれているものの中身をきちんと把握しているだろうか。せっかくだから、これを機会に明細を見直してみるのもいいかもしれない。これくらいの金額なら、と気軽に申し込んだものの、全然使っていないサブスクリプションのサービスはないだろうか。老後なんてまだまだ先と思っている人も、複利と時間と投資を組み合わせたときの効果を知れば、スタートは早ければ早いほどいいということがよくわかると思う。

この本がお金について考える、あるいは見直すきっかけになることを心から願っている。

川添節子

第1章 ── お金の基本を身につける

Anderson, Joel. "Survey Finds Most Common Reasons Americans Use Emergency Funds." GO Banking Rates, May 24, 2018. https://www.gobankingrates.com/saving-money/budgeting/how-americans-use-emergency-fund.

Armstrong, Martin A. "Part I of IV—ABrief History of World Credit & Interest Rates." Armstrong Economics. Accessed March 2, 2019. https://www.armstrongeconomics.com/research/a-brief-history-of-world-credit-interest-rates/3000-b-c-500-a-d-the-ancient-economy.

BankRate. "Credit Card Minimum Payment Calculator." Accessed March 2, 2019. https://www.bankrate.com/calculators/credit-cards/credit-card-minimum-payment.aspx.

Bawden-Davis,Julie. "10 Powerful Quotes from Warren Buffett That'll Change Your Perception About Money and Success." SuperMoney. Updated June 2, 2017. https://www.supermoney.com/2014/04/10-powerful-personal-finance-quotes-from-warren-buffett.

Bella, Rick. "Clackamas Bank Robber Demands $1, Waits for Police to Take Him to Jail." Oregon Live. Updated January 2019. Posted in 2014.https://www.oregonlive.com/clackamascounty/2013/08/clackamas_bank_robber_demands.html.

Board of Governors of the Federal Reserve System. "Consumer Credit-G.19." February 7, 2019. https://www.federalreserve.gov/releases/g19/current/#fn3a.

Board of Governors of the Federal Reserve System. "Report on the Economic Well-Being of U.S. Households in 2017." Published May 2018. https://www.federalreserve.gov/publications/files/2017-report-economic-well-being-us-households-201805.pdf.

Bureau of Labor Statistics. "Consumer Expenditure Surveys." Last modified September 11, 2018. https://www.bls.gov/cex/tables.htm#annual.

El Issa, Erin. "How to Combat Emotional Spending." U.S. News & World Report, February 28, 2017. https://money.usnews.com/money/blogs/my-money/articles/2017-02-28/how-to-combat-emotional-overspending.

Forbes. "Thoughts On the Business of Life." Accessed March 2, 2019.https://www.forbes.com/quotes/1274.

Freedman, Anne. "Top Five Uninsurable Risks." Risk & Insurance, September 2, 2014.https://riskandinsurance.com/top-five-uninsurable-risks.

Huddleston, Cameron. "58% of Americans Have Less Than $1,000 in Savings." GO

Banking Rates, December 21, 2018. https://www.gobankingrates.com/saving-money/savings-advice/average-american-savings-account-balance.
Jellett, Deborah. "The 10 Strangest Things Ever Insured." The Richest, May 10, 2014.https://www.therichest.com/rich-list/the-most-shocking-and-bizarre-things-ever-insured-2.
Jézégou, Frédérick. "If You Think Nobody Cares If You're Alive, Try Missing a Couple of Car Payments." Dictionary of Quotes, November 23, 2008. https://www.dictionary-quotes.com/if-you-think-nobody-cares-if-you-re-alive-try-missing-a-couple-of-car-payments-flip-wilson.
Marks, Gene. "This Bank Will Take Cheese as Collateral." Washington Post, April 17, 2017.https://www.washingtonpost.com/news/on-small-business/wp/2017/04/17/this-bank-will-take-cheese-as-collateral/?noredirect=on&utm_term=.928e4f2fdff7.
Merriman, Paul A. "The Genius of Warren Buffett in 23 Quotes." MarketWatch, August 19,2015. https://www.marketwatch.com/story/the-genius-of-warren-buffett-in-23-quotes-2015-08-19.
Mortgage Professor. "What Is Predatory Lending?" Updated July 18, 2007. https://mtgprofessor.com/A%20-%20Predatory%20Lending/what_is_predatory_lending.htm.
Peterson, Bailey. "Credit Card Spending Studies (2018 Report): Why You Spend More When You Pay With a Credit Card." ValuePenguin. Accessed March 2, 2019. https://www.valuepenguin.com/credit-cards/credit-card-spending-studies.
Pierce, Tony. "$1 Bank Robbery Doesn't Pay Off for Man Who Said He Was Desperate for Healthcare." Los Angeles Times, June 21, 2011. https://latimesblogs.latimes.com/washington/2011/06/1-bank-robbery-doesnt-pay-off-for-healthcare-hopeful.html.
Randow, Jana and Kennedy, Simon. "Negative Interest Rates." Bloomberg, March 21, 2017. https://www.bloomberg.com/quicktake/negative-interest-rates.
Tsosie, Claire and El Issa, Erin. "2018 American Household Credit Card Debt Study." NerdWallet. December 10, 2018. https://www.nerdwallet.com/blog/average-credit-card-debt-household.
Tuttle, Brad. "Cheapskate Wisdom from . . . Benjamin Franklin." Time, September 23, 2009. http://business.time.com/2009/09/23/cheapskate-wisdom-from-benjamin-franklin-2.

第2章 ── 信用をつくる

Carrns, Ann. "New Type of Credit Score Aims to Widen Pool of Borrowers." New York Times,

October 26, 2018. https://www.nytimes.com/2018/10/26/your-money/new-credit-score-fico.html.

Credit Karma. "How Many Credit Scores Do I Have?" May 14, 2016. https://www.creditkarma.com/advice/i/how-many-credit-scores-do-i-have.

CreditScoreDating.com. "CreditScoreDating.com: Where Good Credit is Sexy." Accessed on March 2, 2019. www.creditscoredating.com.

Dictionary.com. "Credit." Accessed on March 2, 2019. https://www.dictionary.com/browse/credit.

Eveleth, Rose. "Forty Years Ago, Women Had a Hard Time Getting Credit Cards." Smithsonian.com, January 8, 2014. https://www.smithsonianmag.com/smart-news/forty-years-ago-women-had-a-hard-time-getting-credit-cards-180949289.

Fair Isaac Corporation. "5 Factors that Determine a FICO® Score." September 23, 2016. https://blog.myfico.com/5-factors-determine-fico-score.

Fair Isaac Corporation. "Average U.S. Fico Score Hits New High." September 24, 2018. https://www.fico.com/blogs/risk-compliance/average-u-s-fico-score-hits-new-high.

Garfinkel, Simpson. "Separating Equifax from Fiction." Wired, September 1, 1995. https://www.wired.com/1995/09/equifax.

Gonzalez-Garcia, Jamie. "Credit Card Ownership Statistics." Credit Cards.com. Updated April 26, 2018. https://www.creditcards.com/credit-card-news/ownership-statistics.php.

Guy-Birken, Emily. "8 Fun Facts About Credit Cards." WiseBread. May 24, 2018. https://www.wisebread.com/8-fun-facts-about-credit-cards.

Herron, Janna. "How FICO Became 'The' Credit Score." BankRate, December 12, 2013.https://finance.yahoo.com/news/fico-became-credit-score-100000037.html.

Rotter, Kimberly. "A History of the Three Credit Bureaus." CreditRepair.com. Accessed March 2, 2019. https://www.creditrepair.com/blog/credit-score/credit-bureau-history.

United States Census Bureau. "U.S. and World Population Clock." Accessed on March 3, 2019. https://www.census.gov/popclock.

第3章 —— 投資する

Ajayi, Akin. "The Rise of the Robo-Advisors." Credit Suisse, July 15, 2015. https://www.credit-suisse.com/corporate/en/articles/news-and-expertise/the-rise-of-the-robo-advisers-201507.html.

Allocca, Sean. “Goldman Sachs Comes to Main Street with ‘Broader’ Wealth Offering.” Financial Planning, October 22, 2018. https://www.financial-planning.com/news/goldman-sachs-marcus-robo-advisor-merge-wealth-management.

American Oil & Gas Historical Society. “Cities Service Company.” Accessed March 2, 2019. https://aoghs.org/stocks/cities-service-company.

Anderson, Nathan. “15 Weird Hedge Fund Strategies That Investors Should Know About.” ClaritySpring. August 24, 2015. http://www.clarityspring.com/15-weird-hedge-fund-strategies.

Bakke, David. “The Top 17 Investing Quotes of All Time.” Investopedia. Updated November 30, 2016. https://www.investopedia.com/financial-edge/0511/the-top-17-investing-quotes-of-all-time.aspx.

Collinson, Patrick. “The Truth About Investing: Women Do It Better than Men.” Guardian, November 24, 2018. https://www.theguardian.com/money/2018/nov/24/the-truth-about-investing-women-do-it-better-than-men.

Damodaran, Aswath. “Annual Returns on Stock, T. Bonds and T. Bills: 1928-Current.” NYU Stern School of Business. Updated January 5, 2019. http://pages.stern.nyu.edu/~adamodar/New_Home_Page/datafile/histretSP.html.

Deloitte. “The Expansion of Robo-Advisory in Wealth Management.” August 2016. https://www2.deloitte.com/content/dam/Deloitte/de/Documents/financial-services/Deloitte-Robo-safe.pdf.

De Sousa, Agnieszka and Kumar, Nishant. “Citadel Hires Cumulus Energy Traders; Hedge Fund Shuts.” Bloomberg, April 27, 2018. https://www.bloomberg.com/news/articles/2018-04-27/citadel-hires-cumulus-founder-and-fund-s-traders-in-energy-push.

Elkins, Kathleen. “Warren Buffett Is 88 Today—Here’s What He Learned from Buying His First Stock at Age 11.” CNBC, August 30, 2018. https://www.cnbc.com/2018/08/30/when-warren-buffett-bought-his-first-stock-and-what-he-learned.html.

Eule, Alex. “As Robo-Advisors Cross $200 Billion in Assets, Schwab Leads in Performance.” Barron’s, February 3, 2018. https://www.barrons.com/articles/as-robo-advisors-cross-200-billion-in-assets-schwab-leads-in-performance-1517509393.

Fidelity Investments. “Who’s the Better Investor: Men or Women?” May 18, 2017. https://www.fidelity.com/about-fidelity/individual-investing/better-investor-men-or-women.

Hamilton, Walter. “Madoff’s Returns Aroused

Doubts." Los Angeles Times, December 13, 2008. http://articles.latimes.com/2008/dec/13/business/fi-madoff13.
Hiller, David, Draper, Paul, and Faff, Robert. "Do Precious Metals Shine? An Investment Perspective." CFA Institute. March/April, 2006. https://www.cfapubs.org/doi/pdf/10.2469/faj.v62.n2.4085.
Loomis, Carol J. "The Inside Story of Warren Buffett." Fortune, April 11, 1988. http://fortune.com/1988/04/11/warren-buffett-inside-story.
Merriman, Paul A. "The Genius of John Bogle in 9 Quotes." MarketWatch, November 25, 2016. https://www.marketwatch.com/story/the-genius-of-john-bogle-in-9-quotes-2016-11-23.
Ross, Sean. "Has Real Estate or the Stock Market Performed Better Historically?" Investopedia. Updated February 5, 2019. https://www.investopedia.com/ask/answers/052015/which-has-performed-better-historically-stock-market-or-real-estate.asp.
Shoot, Brittany. "Banksy 'Girl with Balloon' Painting Worth Double After Self-Destructing at Auction." Fortune, October 8, 2018. http://fortune.com/2018/10/08/banksy-girl-with-balloon-self-destructed-video-art-worth-double.
Siegel, Rene Shimada. "What I Would—and Did—Say to New Grads." Inc., June 19, 2013. https://www.inc.com/rene-siegel/what-i-would-and-did-say-to-new-grads.html.
Udland, Myles. "Buffett: Volatility Is Not the Same Thing as Risk, and Investors Who Think It Is Will Cost Themselves Money." Business Insider, April 6, 2015. https://www.businessinsider.com/warren-buffett-on-risk-and-volatility-2015-4.
Walsgard, Jonas Cho. "Betting on Death Is Turning Out Better Than Expected for Hedge Fund." Bloomberg, February 11, 2019. https://www.bloomberg.com/news/articles/2019-02-11/betting-on-death-is-turning-better-than-expected-for-hedge-fund.

第4章 ── 老後を考える

"A Growing Cult of Millennials Is Obsessed With Early Retirement. This 72-Year-Old is their Unlikely Inspiration." Money, April 17, 2018. http://money.com/money/5241566/vicki-robin-financial-independence-retire-early.
Anderson, Robert. "Retirement No Longer Compulsory for Emiratis after 25 Years of Service."
Gulf Business, June 6, 2018. https://gulfbusiness.com/retirement-no-longer-compulsory-for-emiratis-after-25-years.
Aperion Care. "Retirement Age Around the Globe." Accessed March 2, 2019. https://

aperioncare.com/blog/retirement-age-around-world.
Berger, Rob. "Top 100 Money Quotes of All Time." Forbes, April 30, 2014. https://www.forbes.com/sites/robertberger/2014/04/30/top-100-money-quotes-of-all-time/#7ae183444998.
"Do the Dutch Have the Pension Problem Solved?" PBS NewsHour, November 10, 2013. https://www.pbs.org/newshour/show/do-the-dutch-have-the-pension-problem-solved.
Fidelity Investments. "Fidelity Q3 Retirement Analysis: Account Balances Hit Record Highs 10 Years Following Financial Crisis." November 5, 2018. https://www.fidelity.com/bin-public/060_www_fidelity_com/documents/press-release/fidelity-q3-2018-account-balances-hit-
record-highs.pdf.
Hylton, J. Gordon. "The Devil's Disciple and the Learned Profession: Ambrose Bierce and the Practice of Law in Gilded Age America." Marquette University Law School. January 1, 1991. https://scholarship.law.marquette.edu/cgi/viewcontent.cgi?referer=https://www.google.com/&httpsredir=1&article=1474&context=facpub.
Mauldin, John. "Someone Is Spending Your Pension Money." Forbes, October 26, 2015. https://www.forbes.com/sites/johnmauldin/2015/10/26/someone-is-spending-your-pension-money/#36069e677fd0.
Morgan, Richard. "Jimi Hendrix's Family Can't Stop Suing Each Other." New York Post, March 24, 2017. https://nypost.com/2017/03/24/jimi-hendrixs-family-cant-stop-suing-each-other-over-estate.
Social Security Administration. "What Prisoners Need to Know." Accessed March 2, 2019. https://www.ssa.gov/pubs/EN-05-10133.pdf.

第5章 —— 株式市場に乗りこむ

Amadeo, Kimberly. "Wall Street: How It Works, Its History, and Its Crashes." The Balance. Updated January 21, 2019. https://www.thebalance.com/wall-street-how-it-works-history-and-crashes-3306252.
Bowden, Ebony. "History's Biggest 'Fat-Finger' Trading Errors." The New Daily, October 2, 2014. https://thenewdaily.com.au/money/finance-news/2014/10/02/historys-biggest-fat-finger-trading-errors.
Chen, James. "Bowie Bond." Investopedia. Updated March 7, 2018. https://www.investopedia.com/terms/b/bowie-bond.asp.
Clark, Andrew. "The Man Who Blew the Whistle on Bernard Madoff." Guardian, March 24, 2010. https://www.theguardian.com/

business/2010/mar/24/bernard-madoff-whistleblower-harry-markopolos.
Cohn, Laura. “Boost Your IQ with a Good Book.” Kiplinger's Personal Finance, November 2009.
Crestmont Research. “Returns over 20-Year Periods Vary Significantly; Affected by the Starting P/E Ratio.” Accessed March 2, 2019. https://www.crestmontresearch.com/docs/Stock-20-Yr-Returns.pdf.
“Dow Jones Industrial Average All-Time Largest One Day Gains and Losses.” Wall Street Journal. Accessed March 2, 2019. http://www.wsj.com/mdc/public/page/2_3024-djia_alltime.html.
Encyclopædia Britannica. “Wall Street.” Accessed on March 2, 2019. https://www.britannica.com/topic/Wall-Street-New-York-City.
Epstein, Gene. “Prepare for Lower Stock Returns.” Barron's. Updated January 23, 2018. https://www.barrons.com/articles/prepare-for-lower-stock-returns-1516666766.
Faulkenberry, Ken. “Value Investing Quotes, Sayings, & Proverbs: Wisest Men Compilation.” Arbor Investment Planner. Accessed March 2, 2019. http://www.arborinvestmentplanner.com/wisest-value-investing-quotes-sayings-money-proverbs.
First Trust Portfolios L.P. “History of U.S. Bear & Bull Markets Since 1926.” Accessed March 2, 2019. https://www.ftportfolios.com/Common/ContentFileLoader.aspx?ContentGUID=4ecfa978-d0bb-4924-92c8-628ff9bfe12d.
Investment Company Institute. “ETF Assets and Net Issuance January 2019.” February 27, 2019. https://www.ici.org/research/stats/etf/etfs_01_19.
Kirchheimer, Sid. “10 Fun Facts About Money.” AARP. Accessed March 2, 2019. https://www.aarp.org/money/investing/info-03-2012/money-facts.html.
Landis, David. “ETFs That Miss the Mark.” Kiplinger, July 31, 2007. https://www.kiplinger.com/article/investing/T022-C000-S002-etfs-that-miss-the-mark.html.
Mahmudova, Anora. “Investors Can Bet on Whether People Will Get Fit, Fat, or Old with These ETFs.” MarketWatch, June 18, 2016. https://www.marketwatch.com/story/new-obesity-and-fitness-etfs-follow-demographic-trends-2016-06-09.
MFS. “Over 90 and Still Active.” Accessed March 2, 2019. https://www.mfs.com/who-we-are/our-history.html.
Phung, Albert. “Why Do Companies Issue 100-Year Bonds?” Investopedia. Updated July 2, 2018. https://www.investopedia.com/ask/answers/06/100yearbond.asp.

"The World's Largest Hedge Fund Is a Fraud." Securities Exchange Commission, submission on November 7, 2005. https://www.sec.gov/news/studies/2009/oig-509/exhibit-0293.pdf.
Waxman, Olivia B. "How a Financial Panic Helped Launch the New York Stock Exchange." Time, May 17, 2017. http://time.com/4777959/buttonwood-agreement-stock-exchange.
World Gold Council. "FAQs." Accessed March 2, 2019. http://www.spdrgoldshares.com/usa/faqs.
World Gold Council. "Gold Bar List and Inspectorate Certificates." Accessed March 2, 2019. http://www.spdrgoldshares.com/usa/gold-bar-list.
Yahoo! Finance. "Amazon.com, Inc. (AMZN)." Accessed March 1, 2019. https://finance.yahoo.com/quote/AMZN/key-statistics?p=AMZN.

第6章 ── 税金を払う

Beck, Emma. "Cutting That Bagel Will Cost You: Weird State Tax Laws." USA Today, March 31, 2013. https://www.usatoday.com/story/money/personalfinance/2013/03/31/odd-state-tax-laws/1951911.
Dodds, Colin. "Dr. Dre: Most Influential Quotes." Investopedia. Accessed March 2, 2019. https://www.investopedia.com/university/dr-dre-biography/dr-dre-most-influential-quotes.asp.
eFile.com. "Unusual but Legitimate Tax Breaks." Accessed March 2, 2019. https://www.efile.com/legitimate-tax-breaks-and-unusual-extraordinary-qualified-tax-deductions-and-tax-exemptions.
Internal Revenue Service. "Tax Quotes." Page last reviewed or updated August 21, 2018. https://www.irs.gov/newsroom/tax-quotes.
Intuit. "10 Strange but Legitimate Federal Tax Deductions." Intuit Turbotax, updated for Tax Year 2017. Accessed March 2, 2019. https://turbotax.intuit.com/tax-tips/tax-deductions-and-credits/10-strange-but-legitimate-federal-tax-deductions/L6A6QzGiV.
Intuit. "11 Strange State Tax Laws." Intuit Turbotax, updated for Tax Year 2018. Accessed March 2, 2019. https://turbotax.intuit.com/tax-tips/fun-facts/12-strange-state-tax-laws/L4qENY2nZ.
James, Geoffrey. "130 Inspirational Quotes About Taxes." Inc., April 13, 2015. https://www.inc.com/geoffrey-james/130-inspirational-quotes-about-taxes.html.
Leary, Elizabeth. "Special-Needs Families May Get Squeezed by Tax Reform." CNBC, November 9, 2017. https://www.cnbc.com/2017/11/09/special-needs-families-may-get-squeezed-by-tax-reform.html.

Sifferlin, Alexandra. "Tax Day Hazard: Fatal Crashes Increase on April 15." Time, April 11, 2012. http://healthland.time.com/2012/04/11/tax-day-hazard-fatal-crashes-increase-on-deadline-day.
Tax Policy Center. "How Could We Improve the Federal Tax System?" Accessed March 2, 2019. https://www.taxpolicycenter.org/briefing-book/what-other-countries-use-return-free-tax-filing.
Welsh, Monica. "Student Loan Interest Deduction." H&R Block. February 20, 2018. https://www.hrblock.com/tax-center/filing/adjustments-and-deductions/student-loan-deduction.
Wood, Robert W. "Defining Employees and Independent Contractors." Business Law Today, Volume 17, Number 5. American Bar Association, May/June 2008. https://apps.americanbar.org/buslaw/blt/2008-05-06/wood.shtml.

第7章 —— 起業する

Del Rey, Jason. "The Rise of Giant Consumer Startups That Said No to Investor Money." Recode, August 29, 2018. https://www.recode.net/2018/8/29/17774878/consumer-startups-business-model-native-mvmt-tuft-needle.
Desjardins, Jeff. "These 5 Companies All Started in a Garage, and Are Now Worth Billions of Dollars Apiece." Business Insider, June 29, 2016. https://www.businessinsider.com/billion-dollar-companies-started-in-garage-2016-6.
Economy, Peter. "17 Powerfully Inspiring Quotes from Southwest Airlines Founder Herb Kelleher." Inc., January 4, 2019. https://www.inc.com/peter-economy/17-powerfully-inspiring-quotes-from-southwest-airlines-founder-herb-kelleher.html.
Farr, Christina. "Inside Silicon Valley's Culture of Spin." Fast Company, May 16, 2016. https://www.fastcompany.com/3059761/inside-silicon-valleys-culture-of-spin.
Gaskins, Tony A., Jr. The Dream Chaser: If You Don't Build Your Dream, Someone Will Hire You to Build Theirs. New Jersey: Wiley, 2016.
Guinness Book of World Records. "Most Patents Credited as Inventor." Accessed March 2, 2019. http://www.guinnessworldrecords.com/world-records/most-patents-held-by-a-person.
Hendricks, Drew. "6 $25 Billion Companies That Started in a Garage." Inc., July 24, 2014. https://www.inc.com/drew-hendricks/6-25-billion-companies-that-started-in-a-garage.html.
Huet, Ellen. "Silicon Valley's $400 Juicer May Be Feeling the Squeeze." Bloomberg, April 19,

2017. https://www.bloomberg.com/news/features/2017-04-19/silicon-valley-s-400-juicer-may-be-feeling-the-squeeze.

Walker, Tim. “The Big Ideas That Started on a Napkin—From Reaganomics to Shark Week.” Guardian, April 10, 2017. https://www.theguardian.com/us-news/shortcuts/2017/apr/10/napkin-ideas-mri-reaganomics-shark-week.

Zipkin, Nina. “20 Facts About the World’s Billion-Dollar Startups.” Entrepreneur, January 27, 2017. https://www.entrepreneur.com/article/288420.

第8章 —— 経済を学ぶ

“The Big Mac Index.” The Economist, January 10, 2019. https://www.economist.com/news/2019/01/10/the-big-mac-index.

Corcoran, Kieran. “California’s Economy Is Now the 5th-Biggest in the World, and Has Overtaken the United Kingdom.” Business Insider, May 5, 2018. https://www.businessinsider.com/california-economy-ranks-5th-in-the-world-beating-the-uk-2018-5.

Davis, Marc. “How September 11 Affected the U.S. Stock Market.” Investopedia. September 11, 2017. https://www.investopedia.com/financial-edge/0911/how-september-11-affected-the-u.s.-stock-market.aspx.

Kaifosh, Fred. “Why the Consumer Price Index Is Controversial.” Investopedia. Updated October 12, 2018. https://www.investopedia.com/articles/07/consumerpriceindex.asp.

Lazette, Michelle Park. “The Crisis, the Fallout, the Challenge: The Great Recession in Retrospect.” Federal Reserve Bank of Cleveland, December 18, 2017. https://www.clevelandfed.org/newsroom-and-events/multimedia-storytelling/recession-retrospective.aspx.

National Association of Theatre Owners. “Annual Average U.S. Ticket Price.” Accessed March 2, 2019. http://www.natoonline.org/data/ticket-price.

National Bureau of Economic Research. “US Business Cycle Expansions and Contractions.” Accessed March 2, 2019. https://www.nber.org/cycles.html.

Taylor, Andrea Browne. “How Much Did Things Cost in the 1980s?” Kiplinger, April 25, 2018. https://www.kiplinger.com/slideshow/spending/T050-S001-how-much-did-things-cost-in-the-1980s/index.html.

Wheelock, David C. “The Great Depression: An Overview.” The Federal Reserve Bank of St. Louis. Accessed March 2, 2019. https://www.stlouisfed.org/~/media/files/pdfs/great-depression/the-great-depression-wheelock-overview.pdf.

Wolla, Scott A. “What's in Your Market Basket? Why Your Inflation Rate Might Differ from the Average.” Federal Reserve Bank of St. Louis. October, 2015. https://research.stlouisfed.org/publications/page1-econ/2015/10/01/whats-in-your-market-basket-why-your-inflation-rate-might-differ-from-the-average.

The World Bank. “Gross Domestic Product.” January 25, 2019. https://databank.worldbank.org/data/download/GDP.pdf.

第9章 —— 財務諸表を読む

Freifeld, Karen. “Kozlowski's $6,000 Shower Curtain to Find New Home.” Reuters, June 14, 2012. https://www.reuters.com/article/us-tyco-curtain-idUSBRE85D1M620120614.

Kenton, Will. “What Is Worldcom?” Investopedia. Updated February 7, 2019. https://www.investopedia.com/terms/w/worldcom.asp.

Krugman, Paul. “Sam, Janet, and Fiscal Policy.” New York Times, October 25, 2017. https://krugman.blogs.nytimes.com/2010/10/25/sam-janet-and-fiscal-policy.

Sage, Alexandria and Rai, Sonam. “Tesla CFO Leaves as Automaker Promises Profits and Cheaper Cars.” Reuters, January 30, 2019. http://fortune.com/2017/02/27/oscars-2017-pricewaterhousecoopers-la-la-land.

Shen, Lucinda. “Why PwC Was Involved in the 2017 Oscars Best Picture Mix-Up.” Fortune, February 27, 2017. http://fortune.com/2017/02/27/oscars-2017-pricewaterhousecoopers-la-la-land.

The Phrase Finder. “The Meaning and Origin of the Expression: Cooking the Books.” Accessed March 2, 2019. https://www.phrases.org.uk/meanings/cook-the-books.html.

Thomas, C. William. “The Rise and Fall of Enron.” Journal of Accountancy, April 1, 2002. https://www.journalofaccountancy.com/issues/2002/apr/theriseandfallofenron.html.

Yahoo! Finance. “Tesla, Inc. (TSLA).” Accessed March 1, 2019. https://finance.yahoo.com/quote/TSLA/key-statistics?p=TSLA&.tsrc=fin-tre-srch.

第10章 —— 未来のお金を知る

“7 Major Companies That Accept Cryptocurrency.” Due.com, January 31, 2018. https://www.nasdaq.com/article/7-major-companies-that-accept-cryptocurrency-cm913745.

Blinder, Marc. “Making Cryptocurrency More Environmentally Sustainable.” Harvard Business Review, November 27, 2018. https://hbr.org/2018/11/making-cryptocurrency-more-environmentally-sustainable.

Browne, Ryan. "Burger King Has Launched Its Own Cryptocurrency in Russia Called 'WhopperCoin.' " CNBC, August 28, 2017. https://www.cnbc.com/2017/08/28/burger-king-russia-cryptocurrency-whoppercoin.html.

Burchardi, Kaj and Harle, Nicolas. "The Blockchain Will Disrupt the Music Business and Beyond." Wired, January 20, 2018. https://www.wired.co.uk/article/blockchain-disrupting-music-mycelia.

CoinMarketCap. "All Cryptocurrencies." Accessed March 2, 2019. https://coinmarketcap.com/all/views/all.

Crane, Joy. "How Bitcoin Got Here: A (Mostly) Complete Timeline of Bitcoin's Highs and Lows" New York, December 28, 2017. http://nymag.com/intelligencer/2017/12/bitcoin-timeline-bitcoins-record-highs-lows-and-history.html.

Cummins, Eleanor. "Cryptocurrency Millionaires Are Pushing Up Prices on Some Art and Collectibles." Popular Science, March 6, 2018. https://www.popsci.com/crypto-bitcoin-millionaires-collectibles.

Cuthbertson, Anthony. "Man Accidentally Threw Bitcoin Worth $108 Million in the Trash, Says There's 'No Point Crying About It.' " Newsweek, November 30, 2017. https://www.newsweek.com/man-accidentally-threw-bitcoin-worth-108m-trash-says-theres-no-point-crying-726807.

Higgins, Stan. "The ICO Boxing Champ Floyd Mayweather Promoted Has Raised $30 Million Already." CoinDesk. Updated August 4, 2017. https://www.coindesk.com/ico-boxing-champ-floyd-mayweather-promoted-raised-30-million-already.

Hinchcliffe, Emma. "10,000 Bitcoin Bought 2 Pizzas in 2010—And Now It'd Be Worth $20 Million." Mashable, May 23, 2017. https://mashable.com/2017/05/23/bitcoin-pizza-day-20-million/#bMB2eoJdBmqs.

Marr, Bernard. "23 Fascinating Bitcoin and Blockchain Quotes Everyone Should Read." Forbes, August 15, 2018. https://www.forbes.com/sites/bernardmarr/2018/08/15/23-fascinating-bitcoin-and-blockchain-quotes-everyone-should-read/#1e703a447e8a.

Marvin, Rob. "23 Weird, Gimmicky, Straight-Up Silly Cryptocurrencies." PC Review, February 6, 2018. https://www.pcmag.com/feature/358046/23-weird-gimmicky-straight-up-silly-cryptocurrencies.

Montag, Ali. "Why Cameron Winklevoss Drives an 'Old SUV' Even Though the Twins Are Bitcoin Billionaires." CNBC, January 12, 2018. https://www.cnbc.com/2018/01/12/winklevoss-twins-are-bitcoin-billionaires-yet-one-drives-an-old-suv.html.

Nova, Annie. "Just 8% of Americans Are

Invested in Cryptocurrencies, Survey Says." CNBC, March 16, 2018. https://www.cnbc.com/2018/03/16/why-just-8-percent-of-americans-are-invested-in-cryptocurrencies-.html.
Perlberg, Steven. "Bernanke: Bitcoin 'May Hold Long-Term Promise." Business Insider, November 18, 2013. https://www.businessinsider.com/ben-bernanke-on-bitcoin-2013-11.
Varshney, Neer. "Someone Paid $170,000 for the Most Expensive CryptoKitty Ever." The Next Web, September 5, 2018. https://thenextweb.com/hardfork/2018/09/05/most-expensive-cryptokitty.
Wizner, Ben. "Edward Snowden Explains Blockchain to His Lawyer—And the Rest of Us." ACLU, November 20, 2018. https://www.aclu.org/blog/privacy-technology/internet-privacy/edward-snowden-explains-blockchain-his-lawyer-and-rest-us.

第11章 ── 人に差をつける

All Financial Matters. "The Rule of 72, 114, and 144." May 14, 2007. http://allfinancialmatters.com/2007/05/14/the-rule-of-72-114-and-144.
Buchanan, Mark. "Wealth Happens." Harvard Business Review, April 2002. https://hbr.org/2002/04/wealth-happens.
Buhr, Sarah. "10 Ridiculous Kickstarter Campaigns People Actually Supported." TechCrunch, accessed March 2, 2019. https://techcrunch.com/gallery/10-ridiculous-kickstarter-campaigns-people-actually-supported.
Dieker, Nicole. "Billfold Book Review: Katrine Marcal's 'Who Cooked Adam Smith's Dinner?" The Billfold, June 6, 2016. https://www.thebillfold.com/2016/06/billfold-book-review-katrine-marcals-who-cooked-adam-smiths-dinner.
Godoy, Maria. "Ramen Noodles Are Now the Prison Currency of Choice." NPR, August 26, 2016. https://www.npr.org/sections/thesalt/2016/08/26/491236253/ramen-noodles-are-now-the-prison-currency-of-choice.
Gorlick, Adam. "Oprah Winfrey Addresses Stanford Class of 2008." Stanford News, June 15, 2008. https://news.stanford.edu/news/2008/june18/com-061808.html.
Haskin, Brian. "Brad Balter on the Confluence of Hedge Funds and Liquid Alts." Daily Alts. May 28, 2014. https://dailyalts.com/brad-balter-confluence-hedge-funds-liquid-alts.
Hellemann, John. "His American Dream." New York, Oct. 24, 2007. http://nymag.com/nymag/features/25015/.
Kelly, Kate. "Defying the Odds, Hedge Funds

Bet Billions on Movies." Wall Street Journal. Updated April 29, 2006. https://www.wsj.com/articles/SB114627404745739525.
Lowrey, Annie. "'Who Cooked Adam Smith's Dinner?' by Katrine Marçal" New York Times, June 10, 2016. https://www.nytimes.com/2016/06/12/books/review/who-cooked-adam-smiths-dinner-by-katrine-marcal.html.
McGinty, Jo Craven. "The Genius Behind Accounting Shortcut? It Wasn't Einstein." Wall Street Journal, June 16, 2017. https://www.wsj.com/articles/the-genius-behind-accounting-shortcut-it-wasnt-einstein-1497618000.
Mesch, Debra. "The Gender Gap in Charitable Giving." Wall Street Journal, Updated February 1, 2016. https://www.wsj.com/articles/the-gender-gap-in-charitable-giving-1454295689.
Nisen, Max. "They Finally Tested the 'Prisoner's Dilemma' on Actual Prisoners—And the Results Were Not What You Would Expect." Business Insider, July 21, 2013. https://www.businessinsider.com/prisoners-dilemma-in-real-life-2013-7.
Oey, Patty. "Fund Fee Study: Investors Saved More Than $4 Billion in 2017." Morningstar. May 11, 2018. https://www.morningstar.com/blog/2018/05/11/fund-fee-study.html.
Pesce, Nicole Lyn. "Why Women Are More Likely to Get Funded on Kickstarter." MarketWatch, May 12, 2018. https://www.marketwatch.com/story/why-women-are-more-likely-to-get-funded-on-kickstarter-2018-05-12.
Segal, Troy. "How to Invest in Movies." Investopedia. Updated February 19, 2018. https://www.investopedia.com/financial-edge/0512/how-to-invest-in-movies.aspx.
Thompson, Nicholas. "How Cold War Game Theory Can Resolve the Shutdown." The New Yorker, October 7, 2013. https://www.newyorker.com/news/news-desk/how-cold-war-game-theory-can-resolve-the-shutdown.
Winton. "Shining a Light on Currency Black Markets." December 13, 2018. https://www.winton.com/longer-view/currency-black-market-exchange-rates.
Wolfson, Alisa. "Why Women Give So Much More to Charity than Men." MarketWatch, October 26, 2018. https://www.marketwatch.com/story/why-women-give-so-much-more-to-charity-than-men-2018-10-26.

本書内容に関するお問い合わせについて

このたびは翔泳社の書籍をお買い上げいただき、誠にありがとうございます。
弊社では、読者の皆様からのお問い合わせに適切に対応させていただくため、
以下のガイドラインへのご協力をお願いいたしております。
下記項目をお読みいただき、手順に従ってお問い合わせください。

● ご質問される前に

弊社Webサイトの「正誤表」をご参照ください。これまでに判明した正誤や追加情報を掲載しています。
正誤表　https://www.shoeisha.co.jp/book/errata/

● ご質問方法

弊社Webサイトの「刊行物Q&A」をご利用ください。
刊行物Q&A　https://www.shoeisha.co.jp/book/qa/
インターネットをご利用でない場合は、FAXまたは郵便にて、
下記"翔泳社 愛読者サービスセンター"までお問い合わせください。
電話でのご質問は、お受けしておりません。

● 回答について

回答は、ご質問いただいた手段によってご返事申し上げます。ご質問の内容によっては、
回答に数日ないしはそれ以上の期間を要する場合があります。

● ご質問に際してのご注意

本書の対象を超えるもの、記述個所を特定されないもの、
また読者固有の環境に起因するご質問等にはお答えできませんので、あらかじめご了承ください。

● 郵便物送付先およびFAX番号

送付先住所 ▶ 〒160-0006　東京都新宿区舟町5
FAX番号 ▶ 03-5362-3818
宛先 ▶ (株)翔泳社 愛読者サービスセンター

※本書に記載されたURL等は予告なく変更される場合があります。
※本書の出版にあたっては正確な記述につとめましたが、著者や出版社などのいずれも、
　本書の内容に対してなんらかの保証をするものではなく、
　内容やサンプルにもとづくいかなる運用結果に関しても一切の責任を負いません。
※本書に記載されている会社名、製品名はそれぞれ各社の商標および登録商標です。

著者紹介

ティナ・ヘイ

Napkin Finance(https://napkinfinance.com)の創設者／CEOであり、人々がお金や金融について自信を持てるように、わかりやすく説明する教育プラットフォームを提供している。適切な教材やツールがあれば、誰でもお金のことについてよりよい判断ができるようになると信じている。ロサンゼルス出身の起業家。UCLAで文学士号、ハーバード大学でMBAを取得。

訳者紹介

川添節子(かわぞえ・せつこ)

翻訳家。慶應義塾大学法学部卒。主な訳書に『天体観測に魅せられた人たち』(原書房)、『夢の正体』『データは騙る』(ともに早川書房)、『ベストセラーコード』『バランスシートで読みとく世界経済史』『シグナル&ノイズ』(すべて日経BP)などがある。

ブックデザイン　喜來詩織（エントツ）
DTP　株式会社明昌堂

らくがきファイナンス
人生で損しない選択をするためのお金の知識

2021年7月20日　初版第1刷発行

著　者　ティナ・ヘイ
訳　者　川添節子
発行人　佐々木幹夫
発行所　株式会社翔泳社（https://www.shoeisha.co.jp）
印刷・製本　株式会社廣済堂

本書へのお問い合わせについては、254ページに記載の内容をお読みください。
落丁・乱丁はお取り替えいたします。03-5362-3705までご連絡ください。

ISBN978-4-7981-6743-5　Printed in Japan